[redacted]

Lily Gleuwitz/Kersten Martin

Täglich 5 Minuten Sprachförderung

1./2. Schuljahr

Persen Verlag
Horneburg/Niederelbe

Gedruckt auf umweltbewusst gefertigtem, chlorfrei gebleichtem und alterungsbeständigem Papier.

1. Auflage 2002
Nach der Neuregelung der deutschen Rechtschreibung

Illustrationen: Astrid Wilkesmann
Satz: Andreas Mohrmann

ISBN 3-89358-**865**-5

Inhalt

EINLEITUNG

Notwendigkeit der Sprachförderung in Kindergarten und Schule

In den letzten Jahren hat die Anzahl sprachauffälliger Kinder erheblich zugenommen. Über die Ursachen sind sich auch die Experten letzten Endes nicht einig. Sicher spielt der erhöhte Fernseh- und Computerkonsum eine Rolle, auch die sogenannte „Sprachlosigkeit“ unserer heutigen Gesellschaft. Andererseits gibt es die starke Tendenz, Kinder mit Entwicklungsverzögerungen und Sprachauffälligkeiten jeder Art nicht mehr in Sondereinrichtungen unterzubringen, sondern in Regelschulen zu integrieren. Dieses Buch ersetzt keine Sprachtherapie. Es will bei Grund- und Förderschülern die Freude an der Sprache und den bewussten Umgang mit ihr – auch im Sinne der Prävention – wecken und fördern.

Warum schon fünf Minuten helfen

Aus dem Instrumentalunterricht ist bekannt: Weniger ist oft mehr! Wer täglich fünf Minuten übt, hat mehr Spaß daran und lernt mehr als wenn er einmal pro Woche eine halbe Stunde übt. Außerdem lassen sich die Übungen ohne großen Aufwand umsetzen und machen allen Freude. Übrigens: Auch Kinder, die nicht sprachauffällig sind, profitieren davon!

Aufbau des Buches:

Anordnung der Übungen

Erzieher/innen und Lehrer/innen orientieren sich stark am Jahreskreis, sie stimmen die Themen auf jahreszeitliche Gegebenheiten und kirchliche Feste ab. Das Kindergarten- und Schuljahr beginnt im Herbst und endet im Sommer. Um die Suche nach passenden sprachlichen Fördermöglichkeiten zu erleichtern, haben sich die Autorinnen an diese Abfolge der Jahreszeiten gehalten. Davor werden verschiedene Kennenlern- und Begrüßungsspiele vorgestellt, die nützlich sind, wenn sich eine Gruppe neu bildet.

Die Vorschläge sind – bis auf das Sprechzeichnen – in zwei Spalten unterteilt. Die eigentlichen Fördervorschläge finden sich auf der linken Seite, in der rechten Spalte wird auf den sprachtherapeutischen Nutzen hingewiesen. Im Anhang gibt es dazu ein Glossar.

Vorteile des Sprechzeichnens

„Punkt, Punkt, Komma, Strich, fertig ist das Mondgesicht!“ Dieser Sprechzeichenspruch ist aus der eigenen Kindheit noch bekannt. Und wer hat nicht schon einige Zeit damit verbracht, „das Haus vom Nikolaus“ richtig zu zeichnen? Um das zu schaffen, müssen Atem, Stimme, Sprache und Bewegung aufeinander abgestimmt werden und das gelingt auch fast mühelos! Auch Kinder, die massiv stottern, verlieren dabei ihre Scheu und sprechen entspannt und ohne Blockaden während sie zeichnen. Ihr Atemfluss wird dabei auf natürliche Weise reguliert.

Andere Kinder können mit Hilfe der Schreibsprüche Laute, die sie in der Spontansprache noch nicht sicher beherrschen, einüben, wenn sie im Schreibspruch gehäuft auftreten.

Alle Kinder erleben bei diesen Übungen das Zusammenwirken von Sprachklang, Bewegung und Bild. Dadurch wird ihr Bewusstsein für Sprache, Rhythmus und Symbolik entwickelt und gefestigt.

Das Wichtigste beim Sprechzeichnen ist der Zeichenspruch. Er muss alle Übungen vom Grob- bis Feinmotorischen begleiten. Am besten spricht die Lehrerin ihn von Anfang an beim Zeichnen mit und fordert die Kinder zum Nachsprechen auf. Dabei kann man mit der Stimme vielseitig variieren (z. B.: piepsend wie die Weihnachtsmaus, laut wie ein Elefant, leise wie der Wind, ängstlich wie ein Hase ...). Grundsätzlich sollte das Sprechzeichnen zuerst grobmotorisch vorbereitet werden. Zunächst wird die Spur im Raum nachgelegt (z. B. mit Seilen, Klebebändern oder anderen Materialien), dann auf Packpapier oder an der Tafel groß nachgefahren. Dazu eignen sich Malbirnen, Wachsmalkreiden, Dreieckstifte oder andere dicke Malgeräte. Die Anfangspunkte und die Bewegungsrichtung müssen unbedingt beachtet werden. Sie sind mit einem Kreis bzw. Pfeil gekennzeichnet. Später gibt dann die Erzieherin bzw. die Lehrerin die Spur auf einem kleineren Blatt vor, das Kind spurt sie mit Buntstiften nach. Eventuell führt die Erzieherin dabei die Hand. Erst in einer relativ späten Phase können manche Kinder ohne optische Vorgabe und ohne Führung die Zeichnungen selbstständig anfertigen.

1. KINDERGARTEN- UND SCHULJAHRESBEGINN

Zu Beginn des Kindergarten- und Schuljahres liegt der Schwerpunkt auf dem gegenseitigen Kennen lernen. Über den Aufbau sozialer Kontakte können ein gutes emotionales Klima und eine positive Spiel- und Lernatmosphäre entstehen. Bei jedem neuen Tagesbeginn ist es wichtig, die anderen Kinder wahrzunehmen und selbst auch beachtet zu werden, um später dann für andere Inhalte offener zu sein. Hier bieten sich v. a. ritualisierte Begrüßungsspiele an, die sich durch das ganze Kindergarten- und Schuljahr hindurchziehen können. Aufgrund der kommunikativen Möglichkeiten ist die **Kreisform** eine besonders geeignete Form zur Durchführung von 5 Minuten Sprachförderung, in der Schule häufig der **„Morgenkreis“**. Aber schon vor der eigentlichen Bildung des Kreises kann die Sprachförderung beginnen.

Benötigte Materialien: Stofftier *(Der Einsatz eines Stofftieres als „Klassentier“, das die Kinder durch das ganze Schuljahr begleitet, fördert die emotionale Gestimmtheit und wirkt insgesamt motivierend. Stotternden Kindern wird über Sprechablaufstörungen hinweggeholfen, indem sie das Tier halten und mit der Stimme des Tieres sprechen)*, Ball, Faltpapierfrosch, Faltpapiervogel, Fingerpuppen, Kasperle, Silbenkärtchen, Styroporkugel, weißer Stoffrest.

E/L = Erzieher/innen und Lehrer/innen

Begrüßungs- und Kennenlernspiele

Spiele	Sprachfördernde Aspekte
Theo, der Flüsterwurm Theo (Fingerpuppenwurm) hat keine Stimme. Er kann nur flüstern. Er flüstert die Kinder in den Kreis. (E/L hält den Fingerpuppenwurm und flüstert die Namen der Kinder). Für dieses Spiel könnte auch das Klassentier verwendet werden, das gerade heiser ist und nur noch flüstern kann. Ein ausgewähltes Kind (z. B. ein Kind mit Sprechablaufstörungen), hält das Tier und flüstert die Namen der anderen. Die Kinder flüstern sich gegenseitig in den Kreis.	**Stimmmodulation** *Die Kinder sollen ihre Stimme verändern. Vielen Kindern fällt das schwer. Einige können gar nicht flüstern. Daher ist – je nach Möglichkeit des Kindes – zunächst auch ein halblautes Verbalisieren zuzulassen.* **Erhöhung der auditiven Wahrnehmungsfähigkeit** *Viele Kinder können nicht mehr „zuhören“. Sie sind teilweise ein lautes Umfeld gewöhnt, Sprache wird überhört oder nicht differenziert genug wahrgenommen.* *Beim Flüstern muss die Aufmerksamkeit ganz gezielt auf Gesprochenes gerichtet werden.* **Hinweis:** Sprachbehinderte Kinder mit geringer auditiver Speicherkapazität lernen die Namen der Mitschüler unter Umständen nicht so schnell, wie es E/L erwarten. Durch dieses Ritual werden die Namen der anderen Kinder eingängiger.

Spiele	Sprachfördernde Aspekte
Der freche Quaks Die Kinder legen ihren Kopf auf die Arme und stellen sich schlafend. Ein kleiner Faltpapierfrosch „der freche Quaks“ (oder auch das Klassentier/o. Ä.) will, dass die Kinder endlich munter werden, hüpft von Kind zu Kind und weckt so alle auf. Beim einen hüpft es vielleicht auf die Schulter, bei dem anderen auf das Knie etc. Wenn ein Kind „wach“ ist, darf es in den Kreis gehen. Die Kinder merken sich die Körperstelle, auf die der Frosch gehüpft ist und verbalisieren diese später. Z. B.: Der Quaks ist **auf die** Schulter gehüpft ..., **auf das** Knie ..., **auf den** Arm	**Lexikalisch-semantische Förderung in Verbindung mit Körperwahrnehmung** • Begriffsbildung • Wortschatzerweiterung (Körperteile) *Unbekannt sind oftmals Worte wie: Wange, Schulter, Ellenbogen, die Namen der einzelnen Finger, Knie, Wade ...* **Morphologisch –syntaktische Förderung** • Präposition „auf“ mit richtiger Kasus- und Genusbildung **Hinweis:** Bei Fehlbildungen sollten E/L die Satzform lediglich noch einmal korrigiert wiederholen. Z. B: „Aha, bei dir ist er also er auf die Nase gehüpft.“

Spiele	Sprachfördernde Aspekte
Der stumme Prinz Der „stumme Prinz“ (Fingerpuppe) kann nicht sprechen. Er klatscht daher die Kinder in den Kreis. Welches Kind kann gemeint sein? Jeder Name wird in Silben zerlegt. Beispielsweise dürfen bei zwei Klatschern alle Kinder in den Kreis kommen, deren Namen aus zwei Silben bestehen. Jedes betroffene Kind überprüft das, indem es den eigenen Namen oder den Namen des anderen klatscht und dazu spricht. Auch Provokationen von 5 oder 6 Klatschern können eingebaut werden. Eine Weiterführung wäre das Hochhalten von Silbenbögen oder Silbenpunkten. 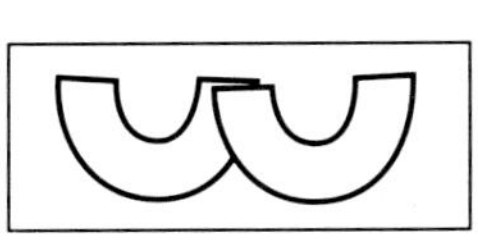 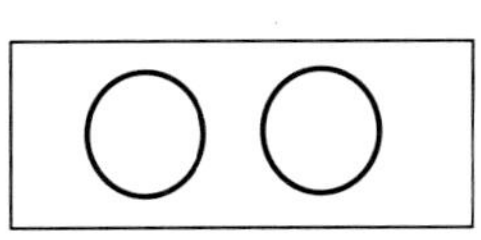 Die Kinder müssen mit Klatschen und Sprechen überprüfen, ob ihr Name passt.	**Förderung der sprechrhythmischen Fähigkeiten** • Integration von Sprache und Motorik *Vielen Kindern fällt es schwer Sprache zu zergliedern, Teilsegmente der Sprache wahr - zunehmen. Dies kann sich u. a. in einem verwaschenen schnellen Sprechablauf äußern oder sich auch durch bestimmte Fehler im Rechtschreibunterricht zeigen.* **Hinweis:** Für Kinder mit rhythmischen Störungen ist es zunächst schwierig ihrem Namen Klatschmuster zuzuordnen oder andere rhythmische Aufgaben zu erfüllen. Diese Kinder brauchen besondere Hilfestellung und mehr Zeit.

Spiele	Sprachfördernde Aspekte
Rufspiel Kinder werden mit der Rufterz in den Kreis gesungen oder gesummt, z. B. mit „lalala“ oder „mmm“. Sie rufen sich auch gegenseitig so auf. Unterstützend sind Kärtchen, auf denen die Rufterz optisch dargestellt ist. Dabei steht die helle Farbe für hohe Töne, die dunkle Farbe für tiefe Töne. 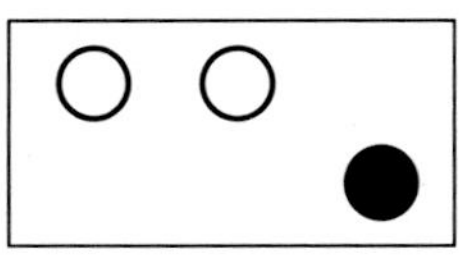 Mi - cha - el 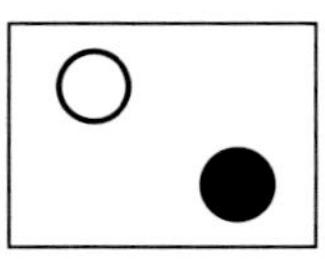 Li - sa 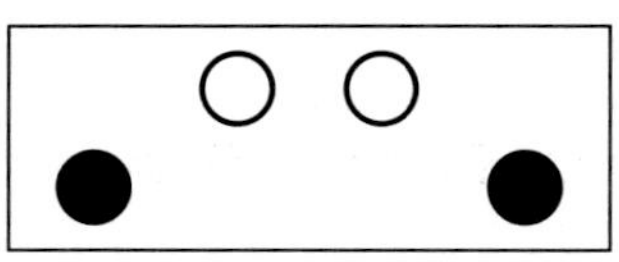 An - to - ni - o	**Förderung der Sprechrhythmik und der Sprechmelodik** **Förderung der auditiven Wahrnehmung** • Wahrnehmung unterschiedlicher Tonlagen *Die Sprechmelodik, die Wahrnehmung und Differenzierung verschiedener Tonlagen ist für eine erfolgreiche Kommunikation äußerst wichtig, fällt aber v.a. sprachschwachen Kindern sehr schwer.* *Bei Frage-, Antwort- und Aufforderungssätzen kommt es darauf an, die Stimmlage richtig zu deuten, um entsprechend reagieren zu können. Im weiterführenden Lesen müssen die Kinder bei Fragen, Rufen, Befehlen ihre Stimme modulieren können.* *In der Sprachbetrachtung müssen Kinder Frage-, Ruf- und Aufforderungssätze unterscheiden können.* *Eine von Anfang an gut entwickelte auditive Wahrnehmungsfähigkeit und Sprechmelodik hilft ihnen dabei.*

Spiele	Sprachfördernde Aspekte
Sonnenstrahlenspiel **„Lange Sonnenstrahlen kommen vom Himmel und wecken die Kinder auf“.** Die Kinder stellen sich schlafend. Ein ausgewähltes Kind spielt den ersten Sonnenstrahl: Es geht zu einem anderen schlafenden Kind und fährt diesem langsam mit dem Zeigefinger über den Rücken und lautiert dabei „sssssss“. Das zweite Kind ist aufgewacht und wird ebenfalls zum Sonnenstrahl. Es darf ein weiteres Kind aufwecken, bis alle Kinder wach geworden sind und in den Kreis kommen können.	**Phonetisch-phonologische Förderung** • Förderung der phonetischen Bewusstheit • Artikulationsübung „s“ *Typischer Problemlaut für etliche Kindergarten- aber auch Schulkinder ist der Laut „s“.* *Die feinmotorische Bewegung unterstützt die richtige Lautbildung.* **Hinweis:** E/L können überprüfen, wer bei der Bildung des s-Lautes Schwierigkeiten hat und den Eltern eventuell fachliche Hilfe empfehlen.

Spiele	Sprachfördernde Aspekte
Rätselkasper Der Kasper holt die Kinder mit Rätselfragen in den Kreis. „Ich hole ein Kind, das schwarze Strümpfe an hat. Es hat schwarze Haare. Es hat blaue Augen …“ Die Kinder spielen den Rätselkasper und holen sich gegenseitig in den Kreis.	**Förderung des Sprachverständnisses und der sprachlichen Merkfähigkeit** *Die Kinder sind gefordert sich selbst und die anderen Kinder zu betrachten, zu vergleichen und ständig zu überprüfen. Dies schult in enormem Maß die Wahrnehmungsfähigkeit.* *Die Kinder müssen sich das Genannte merken. Dies erhöht spielerisch die Konzentrationsfähigkeit sowie die Kapazität des sprachlichen Gedächtnisspeichers.*

Spiele	Sprachfördernde Aspekte
Handspiel **„Guten Morgen, liebe Maus. Bist du auch schon aus dem Haus? Du und ich wir lernen was, und wir haben unsren Spaß.“** Partnerspiel: 1. Zeile: Die Partner geben sich die Hand. 2. Zeile: Die Hände werden zum Dach geformt. 3. Zeile: Die Kinder zeigen zuerst auf den Partner, dann auf sich selbst. 4. Zeile: Sie fassen sich an beiden Händen und schwingen sie hin und her.	**Förderung der sprechrhythmischen Fähigkeiten** **Förderung des nonverbalen und verbalen Ausdrucksverhaltens** *Durch die Gestik wird der sprachliche Inhalt veranschaulicht. Die Reime dienen als Gedächtnisstütze.* **Hinweis:** Das rhythmische Sprechen ist vor allem für Stotterer eine Sprechhilfe.

Spiele	Sprachfördernde Aspekte
Handspiel **„Guten Tag, du liebe Maus! Na, du siehst ja prächtig aus! Drum schenk ich dir diese Dose, und darin ist eine Rose."** Partnerspiel: 1. Zeile: Die Partner geben sich die Hand. 2. Zeile: Jeder hält den Daumen der rechten Hand hoch. 3. Zeile: Jeder formt mit einer Hand eine Faust, bei der der Daumen als Deckel obenauf liegt. 4. Zeile: Die Finger formen eine geöffnete Blüte, das Handgelenk wird leicht gedreht.	**Förderung der sprechrhythmischen Fähigkeiten** **Förderung des nonverbalen und verbalen Ausdrucksverhaltens** *Durch die Gestik wird der sprachliche Inhalt veranschaulicht. Die Reime dienen als Gedächtnisstütze.* **Hinweis:** Das rhythmische Sprechen ist vor allem für Stotterer eine Sprechhilfe.

Spiele	Sprachfördernde Aspekte
1 und 2 – Uli ist dabei! Ein Kind steht in der Kreismitte und zählt 1, 2 ab. Dem zweiten Kind gibt es die Hand und fügt dessen Namen in den Spruch ein, z. B.: „1 und 2 – Peter ist dabei!" Dieses begrüßte Kind geht nun in den Kreis und führt die Begrüßung fort. Wenn alle „Zweier" begrüßt worden sind, fangen die „Einser" an.	**Förderung der sprechrhythmischen Fähigkeiten** *Diese Übung hilft den sprachgedächtnisschwachen Kindern sich die Namen ihrer Mitschüler zu merken.* *Abzählverse geben einen „Takt" vor, in dem sich das Kind bewegen muss. Bewegung und Sprache werden hier auf natürliche Weise koordiniert.*

Spiele	Sprachfördernde Aspekte
Guten- Morgen- Ball Der Ball wird einem Kind zugeworfen. Dabei wird z. B. der Satz gesprochen: „Ich bin die Lisa und wer bist du?“ oder „Ich heiße Lisa und wie heißt du?" Als **Weiterführung** während des Jahres: „Ich kann gut schwimmen und was kannst du?“ „Ich hab 4 Freunde und wie viele hast du?“ „Ich mag meinen Freund und wen magst du?“ „Ich habe einen Bruder, aber keine Schwester, und was hast du?“ Der „Guten-Morgen-Ball“ wird einem Kind zugerollt, zugeworfen oder zugepustet. Dazu wird ein Satz formuliert: „Ich werfe den Ball zu Sabine“ Sabine greift das Satzmuster auf. Das Verb kann wechseln. „Ich **rolle** den Ball zu Peter.“ „Ich **puste** den Japanball zu Moni.“	**Förderung der Dialogfähigkeit** *Beim Ballzuwurf muss Blickkontakt hergestellt werden, der für eine erfolgreiche Kommunikation nötig ist. Für sprechscheue oder sprachschwache Kinder ist der Aufbau eines Blickkontaktes nicht unbedingt einfach!* **Morphologisch- syntaktische Förderung** • Bildung von einfachen Aussage- und Frageformen • Satzbildungen mit Akkusativmarkierung **Hinweis:** Sprachschwache Kinder haben hier immer wieder die Möglichkeit von E/L oder anderen Kindern korrekte Sprachformen in den aktiven Sprachgebrauch zu übernehmen. Unterstützung des **Sprachverständnisses** (v. a. der Verben) durch das **handlungsbegleitende Sprechen.**

Spiele	Sprachfördernde Aspekte
Guten-Morgen-Gespenst Aus einem Ball, einer Styroporkugel, zerknülltem Zeitungspapier und weißem Stoff lässt sich schnell ein Gespenst herstellen. Das Gespenst hat lauter gute Tageswünsche für die Kinder. Ein Kind wirft einem anderen Kind das Gespenst zu und spricht einen Wunsch aus „Ich wünsch dir viel Spaß beim Lesen, Tina!" „Ich wünsch dir einen schönen Tag, Lisa!" „Ich wünsch dir eine schöne Pause, Peter!"	**Förderung der Dialogfähigkeit** • Formulieren von Wünschen **Morphologisch-syntaktische Förderung** • Angebot bestimmter Zielformen wie z. B. „**Du sollst …** einen schönen Tag haben." • „**Ich hoffe, dass …** du einen schönen Tag hast." *Nicht nur sprachbehinderte Kinder haben Schwierigkeiten Wünsche zu formulieren. Oft mangelt es an Einfällen. Diese Übung hilft sprachschwachen Kindern Satzmuster oder auch Ideen von anderen Kindern aufzunehmen. Sie regt die allgemeine soziale Wahrnehmung an und dient einem angenehmen emotionalen Klima. Der Tag beginnt insgesamt freundlicher, wenn jeder einen guten Wunsch für den Anderen hat.*

Spiele	Sprachfördernde Aspekte
Guten-Morgen-Vogel Der Guten-Morgen-Vogel zwitschert. Die Kinder formen ihren Mund zum Kussmund und ziehen die Luft ein. Die entstehenden Geräusche hören sich an wie ein Zwitschern. Auch ein Pfeifen ist möglich.	**Förderung der Mundmotorik** Häufig sind E/L mit Kindern konfrontiert, die einen schlaffen Gesichtstonus haben und möglicherweise Laute undeutlich aussprechen. Bei diesen Kinder sollte die Gesichts- Mund-Zungenmuskulatur trainiert werden.
Der „Guten-Morgen-Vogel" gehorcht aufs Wort! Ein Kind hält den Vogel (gebastelt aus einer Styroporkugel o. Ä.) in der Hand und gibt ihm den Befehl: „Flieg zu Peter!" „Begrüß den Peter!" Daraufhin wirft das Kind den Vogel zu Peter. Erreicht der Vogel das Ziel, ist er gut dressiert!	**Morphologisch – syntaktische Förderung** • Bildung von Imperativformen

Sprechzeichnen

Achterbahn

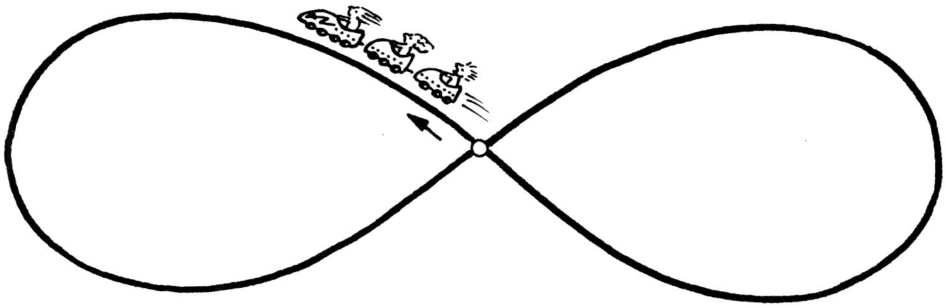

Komm, wir fahren Achterbahn
und der rote Stift (der grüne Stift ...) ist dran.

Dieser Sprechzeichenspruch hilft den Kindern beim Erlernen der Farben. Vorher müssen die Farbnamen – anfangs bei eingeschränkter Palette – besprochen werden. Außerdem muss ihre Reihenfolge vorher festgelegt werden, da im Spruch auf die jeweils nachfolgende Farbe hingewiesen wird. Am besten werden die Buntstifte in einer abgesprochenen Reihenfolge links (beim Rechtshänder!) von der Achterbahn bereit gelegt. Die benutzten Stifte wandern dann auf die rechte Seite hinüber. Begonnen wird mit dem Bleistift.

Durch die Achterschleife wird außerdem die Konzentration gefördert. Achten Sie darauf, dass der Mittelpunkt, der übrigens auch der Start- und Endpunkt ist, genau auf Höhe der Körpermittelachse liegt.

Telefonschnur

Telefonschnur, Telefonschnur, hätt' ich doch ein Handy nur!

Mit diesem Sprechzeichenspruch lässt sich ein wahrer Kabelsalat malen, wenn er häufig wiederholt wird und kreuz und quer über das Balatt gehen darf.

Das Dreieck

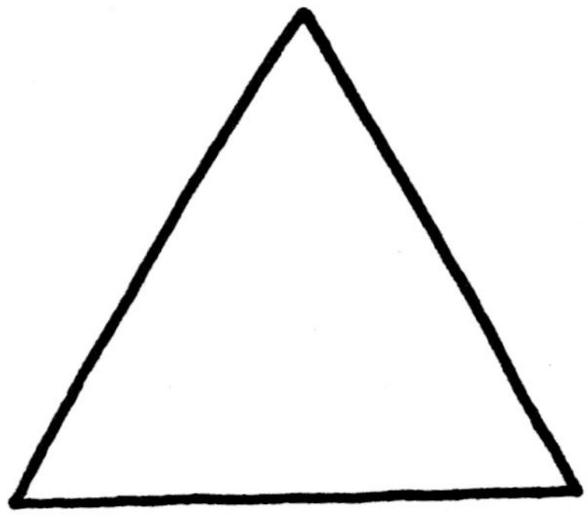

Zick, zack, zeck – ein Dreieck!

Bei jeder Sprechsilbe wird ein Strich gezogen. Auf diese Weise wird das Dreieck zweimal umfahren.

Das Viereck

1, 2, 3, 4 – ein Viereck siehst du hier!

Bei jeder Silbe wird ein Strich gezogen. Auf diese Weise wird das Viereck mehrmals umfahren.

Der Kreis

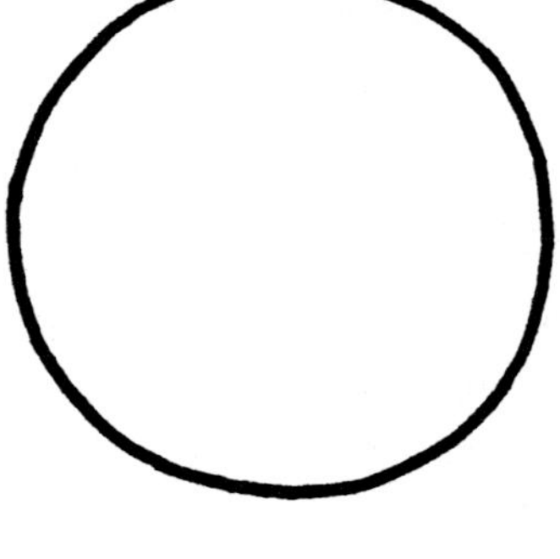

Ene, mene, meis – fertig ist der Kreis.

Mein Schmusetier

**Mein Häschen schaukelt hin und her,
das freut das kleine Häschen sehr.**

**Mein Äffchen schaukelt hin und her,
das freut das kleine Äffchen sehr.**

**Mein Bärchen schaukelt hin und her,
das freut das kleine Bärchen sehr.**

Zu Schuljahresbeginn dürfen die Kinder häufig Spielzeug, Schmusetiere etc. in die Schule mitnehmen. Zu dieser Thematik passt obiger Sprechzeichenspruch.

Der L/E zeichnet auf einem Blatt kleine Tierchen vor und lässt auch Platz für das eigene Schmusetier, das das jeweilige Kind selbst zeichnen darf. Die Tiere dürfen schaukeln. Die Kinder malen die Schaukeln in Form von Bögen dazu und sprechen rhythmisch.

2. HERBST

Im Herbst verändert sich die Natur. Die Kinder interessieren sich jetzt für **Herbstfrüchte** und **bunte Blätter**, die von den Bäumen herabfallen. Es geht um Themen wie **Obst** und **Gemüse**, das in dieser Zeit geerntet wird, um Tiere, wie **Eichhörnchen**, **Igel** oder **Schnecken**, die häufig zu beobachten sind. Auch die lustigen **Drachen**, die im herbstlichen Wind besonders gut steigen, sind nun von Bedeutung.

All diese Vorgänge in der Natur können für die 5 Minuten Sprachförderung genutzt werden. Es werden Situationen geschaffen, in denen sprachfördernde Übungen spielerisch und sinnvoll integriert werden.

Benötigte Materialien: Ball, Kastanien, Eicheln, Nüsse, Blätter, Bucheckern, Steine, Zapfen, Handpuppenschnecke, farbige Tücher, Joghurtbecher.

Obst und Gemüse

Spiele	Sprachfördernde Aspekte
Herbstessen Kinder stehen hinter ihren Stühlen. Der Softball wird einem Kind mit einer Aussage und einer Frage zugeworfen: „Ich esse gerne Äpfel und du?" Das Kind fängt den Ball, sagt, was es selbst für Obst mag und wirft den Ball weiter. z. B:" Ich esse gerne Birnen und du?" **Weiterführung** im Sinne des Spiels „Ich packe in meinen Koffer" Die Kinder müssen sich merken, was ihr Vorgänger gerne für Obst oder für Gemüse isst. Die Kinder sitzen im Kreis. „Ich esse gerne Kirschen und du?" Der linke Partner macht weiter: „Sabine isst gerne Kirschen und ich esse gerne Birnen." Der linke Partner fährt fort: „Sabine isst gerne Kirschen, Peter isst gerne Birnen und ich esse gerne Himbeeren …" **Variante:** „Monika, isst du gerne Lauch?" Ballzuwurf „Nein, ich esse gerne Kohl." „Nadine, isst du gerne Karotten?"	**Lexikalisch-semantische Förderung** • Wortschatzerweiterung *Dies ist eine gute Übung zum Einprägen bekannter und unbekannter Obst- oder Gemüsesorten.* **Morphologisch-syntaktische Förderung** • Grammatikalisch schwache Kinder haben die Möglichkeit Satzmuster aufzunehmen. • Übung der grammatikalischen Formen: „Ich esse / du isst / er, sie isst" • Verbalisieren von Frageformen und Antwortsätzen **Training des verbalen Gedächtnisspeichers** **Hinweis:** Für sprachschwache Kinder erfordert diese Übung eine sehr hohe Konzentration. Um diese Kinder nicht zu überfordern, sollte nach drei oder vier Obstsorten ein neues Spiel beginnen. Die Anzahl der Sorten kann nach Fähigkeit der Kinder gesteigert werden.

Spiele	Sprachfördernde Aspekte
Apfelschmaus: Die Kinder sollen zusammengesetzte sinnvolle Wörter mit Apfel finden. „Meine Mama macht Apfeltorte.“ Ballzuwurf „Meine Mama macht Apfelsaft.“ usw. (Apfelkuchen, Apfelmarmelade, Apfelmus …) Es kann eine andere Sprachform gewählt werden: „Aus Äpfeln mache ich eine Apfeltorte.“ „Aus Äpfeln mache ich Apfelmus.“ etc..	**Semantisch-lexikalische Förderung** • Wortschatzerweiterung Wortfeld: Apfel **Morphologisch-syntaktische Förderung** • Bildung verschiedener Satzformen

Spiele	Sprachfördernde Aspekte
Der stumme Prinz will Obst essen Der E/L erzählt vom stummen Prinzen (zeigt den Kindern eine Prinzenhandpuppe). „Der stumme Prinz“ will heute Obst essen. Er kann aber nicht sprechen und daher klatscht er die Namen. Die Diener müssen nun raten, was er gerne essen möchte. (In der Kreismitte liegen Bilder von Obstsorten.) Der E/L spielt zunächst den stummen Prinzen und klatscht z. B. dreimal (= drei Silben) Die Kinder müssen sich nun Obst überlegen, das drei Silben hat und fragen den Prinzen: Bsp.: „Prinz, magst du gerne eine Himbeere?“ Das Wort „Himbeere“ wird vom Kind geklatscht. Der Prinz nickt. Das Kind antwortet: „Ich gebe dir die Himbeere.“ Weitere Beispiele: E/L klatscht zweimal (= zwei Silben) „Prinz, magst du eine Birne?“ E/L klatscht einmal (= eine Silbe) „Prinz, magst du gerne eine Nuss?“ Die Rollen können dann getauscht werden. **Hinweis:** Für Kinder sind die Einsilber am schwierigsten zu erfassen, daher sollten – zumindest in der Anfangslernphase – vor den Einsilbern immer Mehrsilber angeboten werden.	**Förderung der sprechrhythmischen Fähigkeiten** (siehe auch unter 1 „Der stumme Prinz“ S. 7) **Förderung der Dialogfähigkeit** • Erlernen der Frageform in gespielten Dialogen **Semantisch-lexikalische Förderung** Wortschatzerweiterung • Wortfeld: Obst Zur Veranschaulichung werden Silbenkärtchen gelegt. Unter die Silbenkärtchen kommen die entsprechenden Namen. Beispiele: 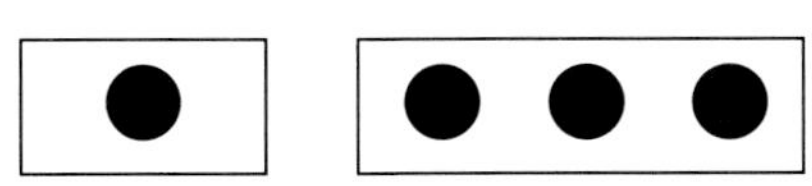 Nuss Him - bee - re

Herbstfrüchte

Spiele	Sprachfördernde Aspekte
Herbstwanderung Gesammelte Herbstfrüchte (Kastanien, Eicheln, Bucheckern, Nüsse und auch Blätter, Wurzeln, Zapfen, Steine etc.) werden im Kreis der Reihe nach weitergegeben. Die Kinder müssen zunächst mit geschlossenen Augen tastend erkennen, um was es sich handelt und sich zudem die Reihenfolge merken. „Zuerst kam die Eichel, dann die Kastanie und zum Schluss die Nuss." Dieses Spiel kann man auch bei verschiedenen anderen Themen verwenden:	**Lexikalisch-semantische Förderung** • Verbindung von taktiler Wahrnehmung mit dem Begriff • Wortfeld: Herbstfrüchte **Training des verbalen Gedächtnisspeichers** • Sereationstraining
z. B.: „Küchenwanderung" (Gabel, Tassen, Messer usw.) „Schulsachenwanderung" (Bleistift, Radiergummi, Spitzer usw.)	Übung zu verschiedenen Wortfeldern

Spiele	Sprachfördernde Aspekte
„Wo sind die Herbstfrüchte?" Verschiedene Herbstfrüchte werden mit verschiedenen farbigen Tüchern, Joghurtbechern o. Ä. bedeckt. Die Kinder befragen sich gegenseitig: „Patrick, wo ist die Kastanie?" „Die Kastanie ist unter dem roten Tuch."	**Morphologisch-syntaktische Förderung** • Bildung der Frageform • Bildung eines Aussagesatzes mit Präposition „unter" und der Dativmarkierung „dem" *Eine gute Übung, um auch die visuelle Wahrnehmung (Raum-Lage) und das visuelle Gedächtnis zu trainieren.*

Herbsttiere

Spiele	Sprachfördernde Aspekte
„Schnecke, komm heraus“ Der E/L hält eine Handpuppenschnecke in der Hand, die sich in ihr Haus verkrochen hat. E/L: „Schnecke, komm heraus aus deinem Haus.“ Die Schnecke antwortet: „Warum soll ich denn aus meinem Haus herauskommen?“ Zunächst antwortet der E/L, z. B.: „Du sollst kommen, **weil** … die Sonne scheint.“ Die Kinder greifen schnell solche Dialogformen auf und übernehmen die Rolle des E/L, der Schnecke und der Antwortenden.	**Förderung der Kommunikations- und Dialogfähigkeit** • Fragen und Antworten • Imperativbildungen **Morphologisch-syntaktische Förderung** • Verwendung des Fragewortes „warum“ • Verwendung einer Kausalkonstruktion mit „weil“

Spiele	Sprachfördernde Aspekte
„Eichhörnchen sammelt Wintervorräte“ Ein Kind bekommt 5 Nüsse und versteckt sie vor den Augen aller. Derjenige, der alle Verstecke nicht nur zeigen, sondern auch benennen kann, hat gewonnen und bekommt die Nüsse. „Eine Nuss ist unter dem Schrank, eine Nuss ist auf dem Regal …“	**Morphologisch-syntaktische Förderung** • Übung der Präpositionen mit Dativmarkierung **Gedächtnisübung**

Sprechzeichnen

Das Eichhörnchen

Das Eich- hörn- chen
springt auf und ab,
die Nüs- se sind
schon ganz schön knapp.

Das Eich- hörn- chen
läuft hin und her
und fin- det kei-
ne Nüs- se mehr.

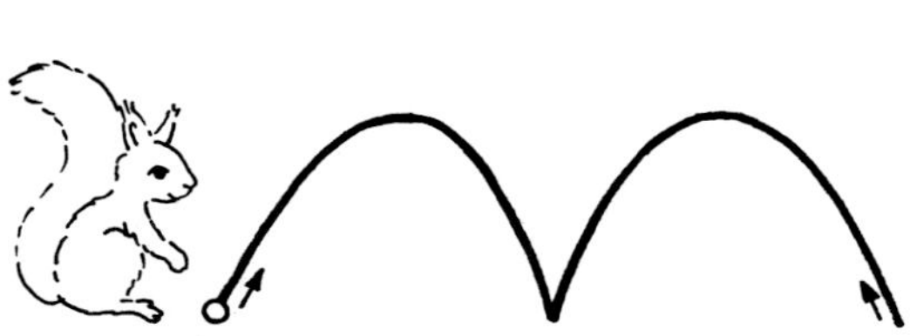

Das Eich- hörn- chen
springt hin und her
und fin- det kei-
ne Nüs- se mehr.

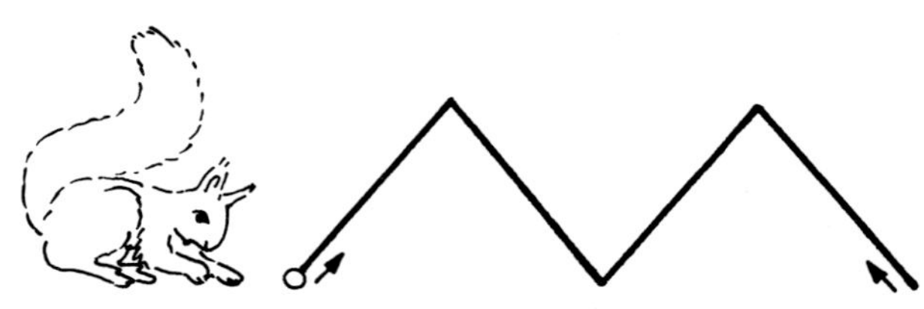

Das Eich- hörn- chen
sucht hier und dort
die Nüs- se sind
schon al- le fort.

Bei dieser Übung wird besonderer Wert auf die graphomotorischen Voraussetzungen des Schreibbewegungsablaufs gelegt. Dies sind hier der Auf- und Abstrich, die Bewegung nach links und nach rechts, der Bogen und die Spitzen. Dabei sollte auf die richtige Hand- und Stifthaltung geachtet werden:

- Der Handballen muss auf der Unterlage aufliegen.
- Die Bewegung sollte aus dem Handgelenk gesteuert werden.
- Unterarm und Handrücken sollten eine gerade Linie bilden.
- Daumen und Zeigefinger sollten den Stift wie eine Pinzette halten, der Mittelfinger stützt den Stift dabei von hinten.
- Die andere Hand muss das Blatt festhalten.

Als sehr hilfreich für die richtige Stifthaltung haben sich dreieckige Stifte oder auch dreieckige Griffhilfen, die über den herkömmlichen Stift geschoben werden, erwiesen.

Das Eichhörnchen

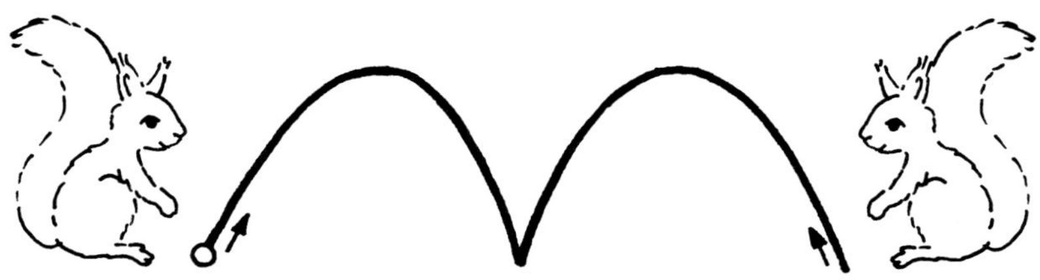

Das **Eich-**
hörn- **chen**

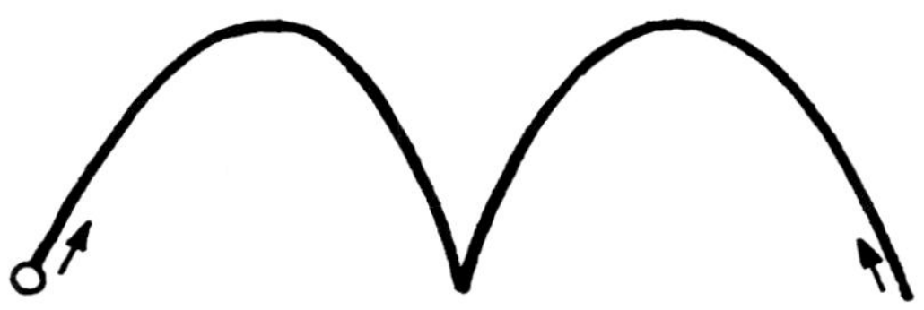

springt **hin**
und **her**

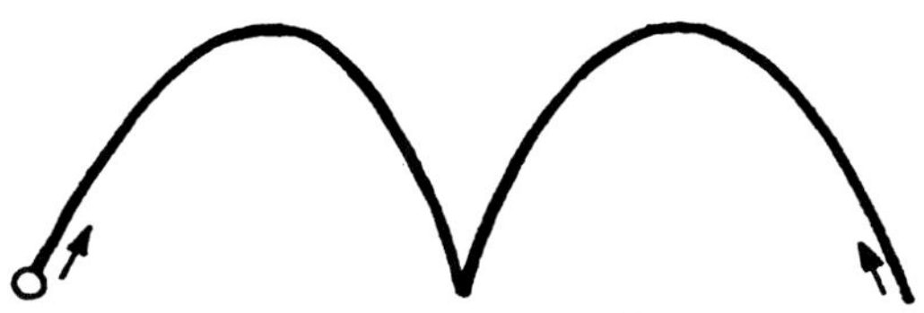

und **fin-**
det **kei-**

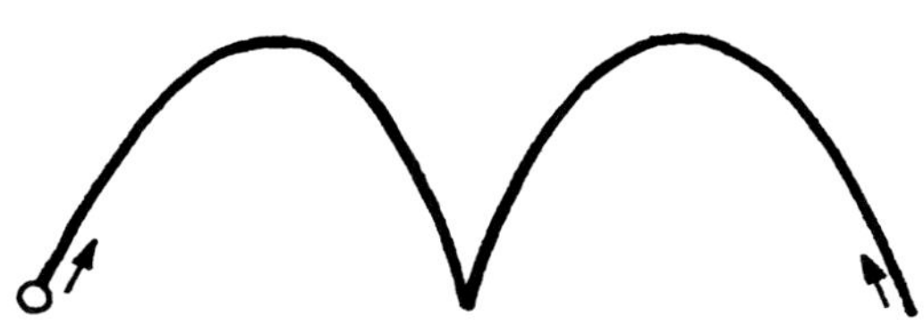

ne **Nüs-**
se **mehr.**

Diese Bewegung kann auch im Großen, z. B. auf Tapetenresten, geschwungen werden. Hierbei üben die Kinder den Zeilensprung.

Blättertanz

Die Blätter wehen hin und her,
denn für den Wind sind sie nicht schwer.

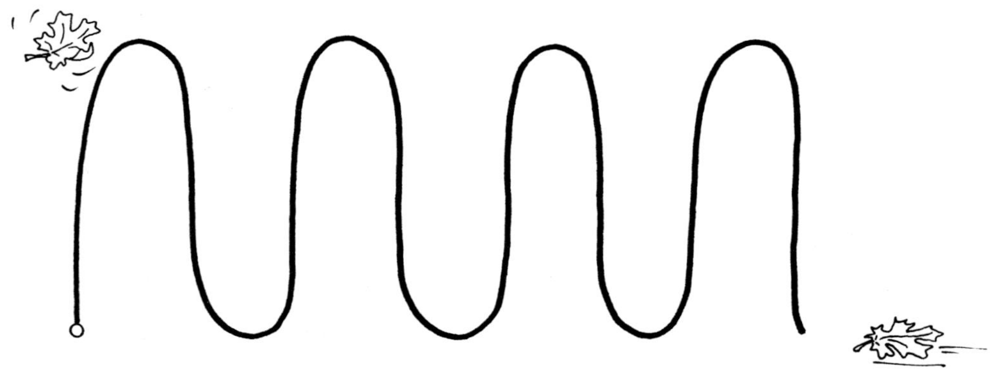

Die Blätter wehen rauf und runter,
denn der Wind bläst immer munter.

Schön sieht es aus, wenn die Kinder mehrere Male mit Wachsmalkreiden in den Herbstfarben Rot, Grün, Braun, Gelb und Orange die Bewegung nachspuren!

Der Igel

Spitze Nase,

runder Rücken,

den jetzt viele Stacheln schmücken.

Aug' und Ohr müssen noch dran –

fertig ist der Igelmann!

Der Drachen

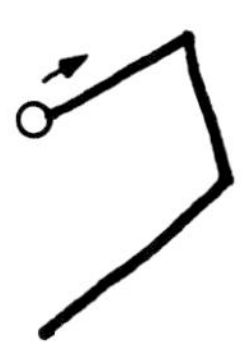

Auf und ab

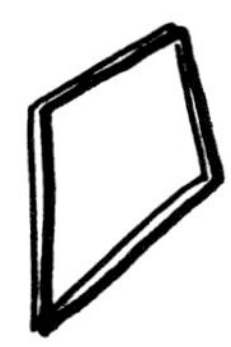

so geht der Drachen,

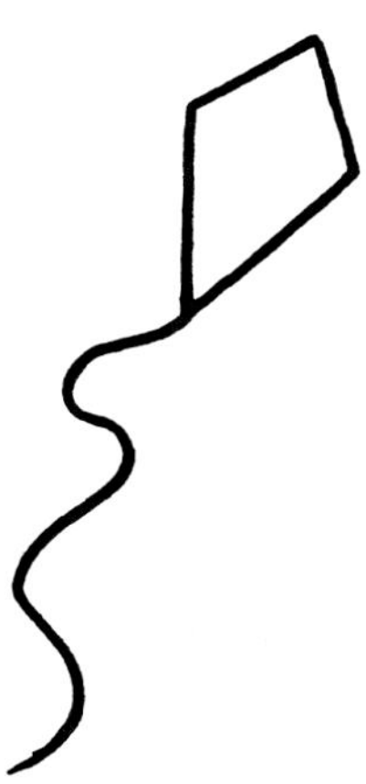

flattert froh im Wind

Augen, Nase, Mund zum Lachen

freut er jedes Kind.

3. WINTER

Im Winter sind die Tage kurz und draußen wird es kälter. Es stehen Feste wie **Nikolaus**, **Weihnachten** und **Silvester** vor der Tür. In der Adventszeit werden **Kerzen** angezündet, **Sterne** und **Weihnachtsschmuck** gebastelt. Überall duftet es weihnachtlich. **Nüsse**, **Mandarinen** und **Gebäck** stehen auf dem Tisch. Märchen und Geschichten werden erzählt. Am Jahresende dann steht das **Feuerwerk** im Vordergrund und im neuen Jahr erwarten die Kinder voller Freude den **Fasching**. Hier geht es um das Verkleiden, Schminken und das Einnehmen verschiedener Rollen.

Auch bei den Winterthemen gibt es zahlreiche Möglichkeiten kurzer Übungsformen, die den Kindern helfen, Sprachschwierigkeiten abzubauen und Sprachfähigkeit zu entwickeln.

Benötigte Materialien: Teelichter, verschiedene Nussarten, Äpfel, Lebkuchengewürz, Spekulatius, Mandarinen, Tannenzweige, durchsichtige Gläser, Wattebäusche, Farbwürfel, Muggelsteine, Murmeln, Steine, Strohhalme, verschiedene Papiere, Kleber, Faschingsfarben, bunte Wattekugeln.

Advents- und Weihnachtszeit

Spiele	Sprachfördernde Aspekte
Wie heißt die Nuss? Nachdem die Kinder gelernt haben, wie die verschiedenen Nüsse heißen, werden diese in ein Säckchen gelegt. Durch Betasten sollen die Kinder die Nüsse wieder erkennen und richtig benennen.	**Lexikalisch-semantische Förderung** • Verbindung der taktilen Wahrnehmung mit dem jeweiligen Begriff • Wortschatzerweiterung und –festigung
Nussmemory Jeweils zwei gleiche Nüsse werden einander zugeordnet und benannt.	**Morphologisch-syntaktische Förderung** • Singularbildung • Pluralbildung

Spiele	Sprachfördernde Aspekte
Kerzenlicht, verlösch mir nicht! Die Kinder sollen eine Kerzenflamme so anblasen, dass diese flackert, aber nicht erlischt.	**Dosierung des Atemstroms** **Kräftigung der Lippenmuskulatur**

Spiele	Sprachfördernde Aspekte
Düfte In durchsichtigen Gefäßen sind verschiedene weihnachtliche Düfte versteckt: Äpfel, Lebkuchengewürz, Spekulatius, Mandarinen, Tannenzweige. Die Kinder riechen am Gefäß und benennen sie. **Duftmemory** Jeder Duft ist doppelt vertreten und muss zu Paaren geordnet werden.	**Schulung der Nasenatmung und des Mundschlusses** **Lexikalisch-semantische Förderung** • Verbindung der olfaktorischen Wahrnehmung mit dem jeweiligen Begriff • Wortschatzerweiterung und -festigung

Spiele	Sprachfördernde Aspekte
Sternenreise Die Kinder malen Sterne in verschiedenen Farben auf ein großes Blatt. Sie würfeln mit einem Farbwürfel und pusten einen Wattebausch zu den entsprechenden Sternen (siehe auch S. 32).	**Wortschatzfestigung** • Farbnamen **Atemregulation** • Pusteübung zur Betonung des Ausatmens **Mundmotorische Übung** • Training der Wangen- und Lippenmuskulatur

Spiele	Sprachfördernde Aspekte
Der Märchenerzähler Ein Kind oder Erwachsener ist Erzähler. Die Gruppe sitzt im Kreis, in der Kreismitte liegen Muggelsteine, Murmeln, Steine u. Ä., aber immer ein Gegenstand weniger, als Kinder da sind. Die Gruppe einigt sich auf ein Signalwort: z. B. „Weihnachtsbaum". Der Erzähler erzählt eine Geschichte. Immer wenn das Signalwort erwähnt wird, nimmt sich jeder einen Gegenstand aus der Kreismitte. Analog zur „Reise nach Jerusalem" muss das Kind ausscheiden, das keinen Gegenstand erwischt hat. Es entfernt noch einen Gegenstand. Sieger ist, wer als Letzter übrig bleibt.	**Training der auditiven Aufmerksamkeit und Konzentrationsfähigkeit**

Spiele	Sprachfördernde Aspekte
Winteruhr Auf einem Pappkarton stehen vier Winterwörter. In der Mitte des Kartons wird ein Pappzeiger mit einer Briefklammer befestigt, sodass sich der Zeiger drehen lässt. 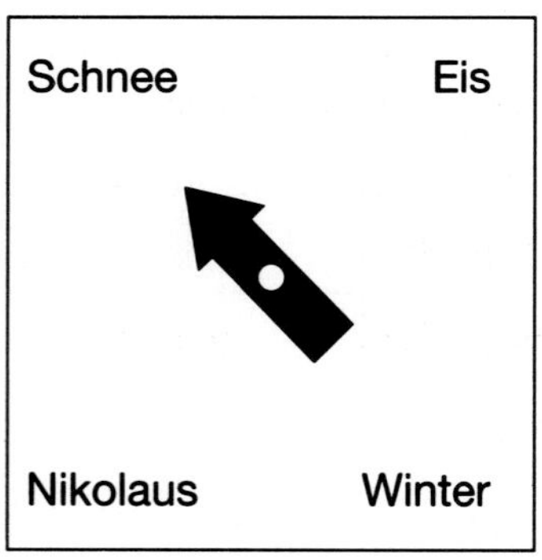 Die Winteruhr wird gedreht. Bleibt der Zeiger auf „Schnee" stehen, suchen die Kinder schnell reihum nach zusammengesetzten Wörtern. (z. B.: Schneemann, Schneeschaufel, Schneeball, Schneeballschlacht, Schneehase, Schneeregen, Schneeberg usw.) Ältere Kinder können diese Wörter auch aufschreiben.	**Lexikalisch-semantische Förderung** • Wortfeldarbeit /Wortschatzerweiterung

Faschingszeit

Spiele	Sprachfördernde Aspekte
Clownsgesichter Ein Kind macht eine Grimasse (vorzugsweise mit dem Mund), die anderen Kinder ahmen sie ganz genau nach.	**Mundmotorisches Training** **Wahrnehmungsübung und Schulung der Kinästhetik**

Spiele	Sprachfördernde Aspekte
Konfettibild Die Kinder reißen aus Papier (Buntpapier, Seidenpapier ...) kleine Schnipsel und artikulieren dazu „ritsch" „ratsch". Dann „malen" sie mit Kleber ein Bild, z. B. einen Clownshut. Mit einem Strohhalm saugen sie die Schnipsel an und transportieren sie zur Klebefläche. So entsteht ein buntes Konfettibild.	**Phonetisch-phonologische Förderung** • Artikulationsschulung der Laute „r" und „sch" • Bewusste Wahrnehmung der Reißgeräusche und Umsetzung mit der Stimme **Bewusste Einatmung** **Mundmotorische Übung** • Kräftigung der Lippenmuskulatur

Spiele	Sprachfördernde Aspekte
Schminken Die Kinder schminken sich gegenseitig mit Faschingsfarben und geben sich dabei Anweisungen: „Mal mir einen blauen Stern auf die Stirn ..."	**Lexikalisch-semantische Förderung** • Verbindung von Wahrnehmungen im Gesichtsfeld mit Begriffen **Morphologisch-syntaktische Förderung** • Bildung von Imperativformen • Satzergänzungen im Akkusativ

Spiele	Sprachfördernde Aspekte
Gespenstertanz Aus weißem Papier (am besten Seidenpapier) schneiden die Kinder Gespenster und pusten sie in ein Ziel (z. B. Pappburg). **Variante**: Die Kinder legen die Gespenster auf ihre Handfläche, pusten sie hoch und lassen sie schweben.	**Atemschulung** • Betonung der Ausatmung durch den Mund (v. a. für näselnde Kinder)

Spiele	Sprachfördernde Aspekte
Pusteparcours Die Kinder bauen aus Bausteinen oder anderen Materialien einen Parcours. Bunte Wattekugeln werden bis zum Ziel gepustet.	• Schulung der Atemdosierung • Betonung der Ausatmung (v. a. für näselnde Kinder)

Sprechzeichnen

Märchenschloss

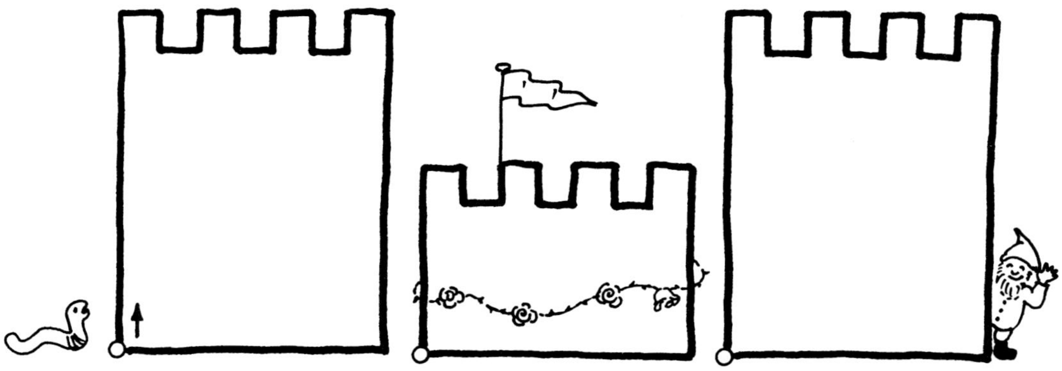

1.Turm:
Rapunzel saß im hohen Turm.
Hinauf kam nicht einmal ein Wurm.

Hauptgebäude:
Hinter diesen starken Mauern
ist Dornröschen zu bedauern.

2. Turm:
Schneewittchen war so wunderschön
und musste zu den Zwergen gehn.

Begonnen wird immer an der linken unteren Ecke. Für jede Silbe wird ein Strich gezogen. Die Einzelgebäude ergeben ein Schloss.

Schneewittchen

Spieglein, Spieglein an der Wand,
wer ist die Schönste im ganzen Land?

Dabei wird der Spiegel mehrmals umfahren – zu jeder Silbe ein Strich.

Punkt, Punkt, Komma , Strich –
fertig ist das Angesicht!

Zum Schluss noch schwarze Haare fein –
das muss ja wohl Schneewittchen sein!

Zu jeder Silbe wird ein Haar gezeichnet.

Beim Schlittschuhlaufen

Schöne Schleifen kann ich drehn und alle Leute solln das sehn!

Dieser Spruch wird beim Schwingen rhythmisch mitgesprochen.

Der Weihnachtsbaum

Erst mal' ich den Stamm,

dann viele Äste dran (Zu jeder Silbe wird ein Ast gezeichnet.)

und jetzt noch viele mehr. (Zu jeder Silbe wird ein Ast gezeichnet.)
Das ist gar nicht schwer! (Jetzt wird nicht gezeichnet.)

1, 2, 3, man glaubt es kaum, (Bei jeder Silbe wird eine Kerze gezeichnet.)
fertig ist der Weihnachtsbaum!

Weihnachtskugeln

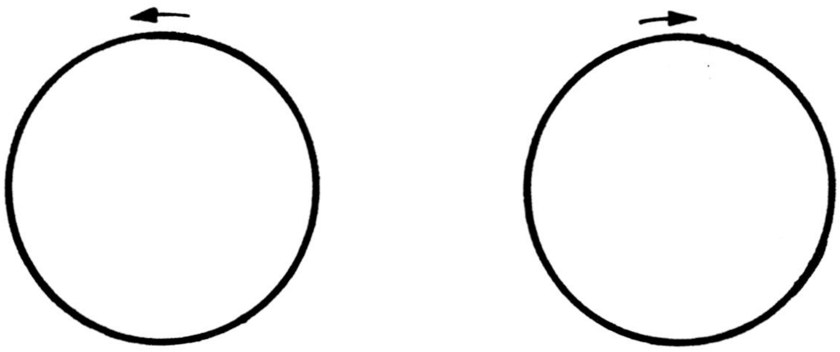

Zunächst malen die Kinder beidhändig mit Wachsmalkreiden auf großes Papier, später mit Farbstiften.

Dazu sprechen sie:

Bunte Kugeln find' ich schön,
möchte sie am Christbaum seh'n.

Sterne

Zunächst fahren die Kinder die Sterne auf der Vorlage nach und sprechen dazu:

Viele goldne Sterne
leuchten aus der Ferne.

Bei jeder Sprechsilbe zeichnen sie einen Strich.

Nach dieser Vorübung wirkt es sehr dekorativ, wenn sie dann die Sterne mit Zuckerkreiden oder einem Metallicstift auf dunkelblaues oder schwarzes Tonpapier zeichnen.

Bei einem Stern wird dann weiter gezeichnet:

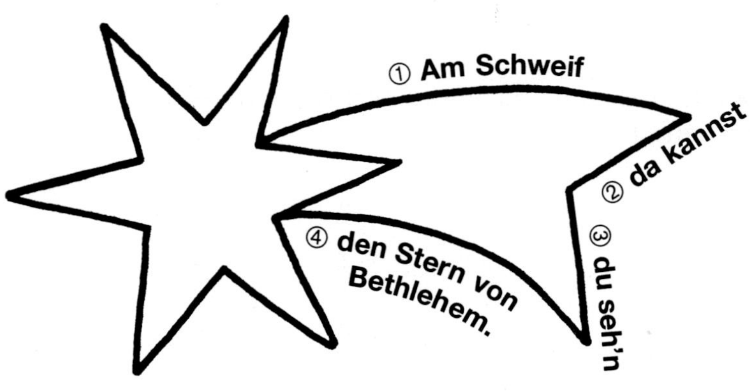

Die Weihnachtsmaus

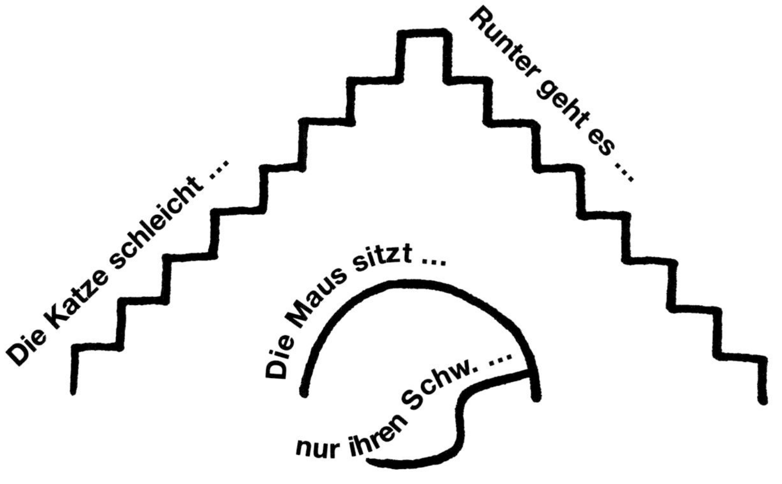

Die Katze schleicht die Treppe rauf,
die Maus läuft weg im Dauerlauf.

Runter geht es jetzt – o weh!,
Der Katz tut nun der Buckel weh!

Die Maus sitzt jetzt im Mauseloch,

nur ihren Schwanz, den sieht man noch.

Hierfür eignet sich groß kariertes Papier besonders. Zu jeder Silbe wird ein Strich gezeichnet.

Gespensterreise

Leise, leise, leise,
ein Geist geht auf die Reise.
Zwei Augen mal' ich ihm noch an,
damit er was sehen kann.

Die Kinder malen mit Kreide oder einem weißen Stift auf schwarzes Tonpapier und sprechen dazu.

Silvester

Auf dunkelblaues oder schwarzes Tonpapier malen die Kinder mit Neonstiften, hellen Wachsmalkreiden oder den sogenannten Zuckerkreiden und sprechen dazu:

Es blitzt und knallt und kracht,
jetzt ist es Mitternacht.

(Jede Silbe ist ein Punkt.)

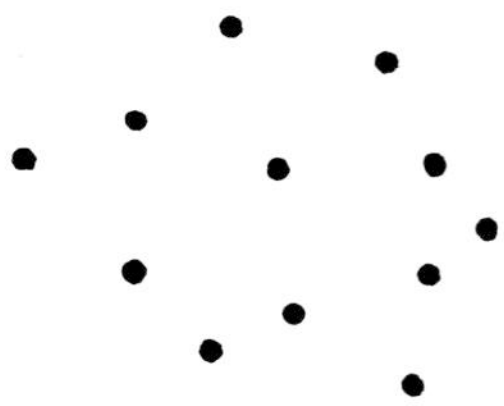

Piff, paff, peng –
im Himmel wird es eng.

(Zu jeder Silbe wird ein Strich gezogen.)

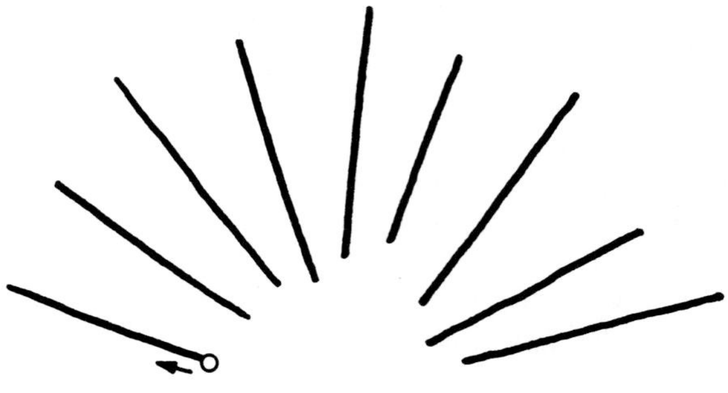

Hui und hi und hei –
's ist wie Zauberei.

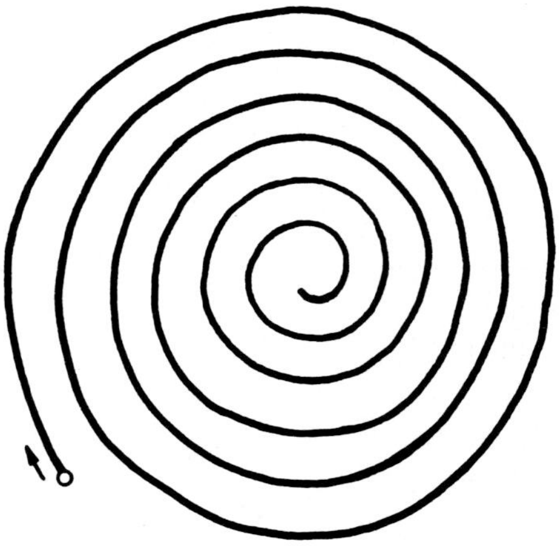

Zicke, zacke, zaus –
das Feuerwerk ist aus.

Die Uhr

Die Zeiger drehn sich rechtsherum, (bei „um“ auf 6 Uhr stehen)
bald ist eine Stunde ‘rum. (auf 12 Uhr ankommen)

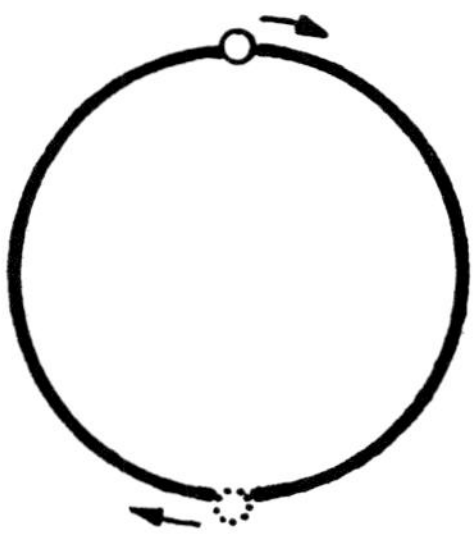

Ein Viertel wird bei 3 gezählt,

(auf dem Kreis weiterfahren, bei „bei 3 gezählt“
auf Höhe der 3 einen dicken Punkt malen)

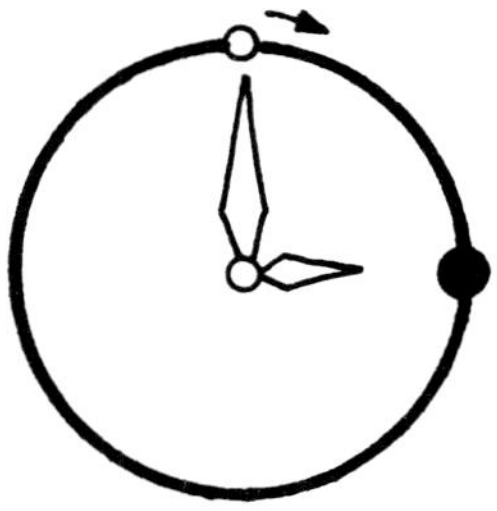

die halbe Stund’ bei 6 man stellt,

(auf dem Kreis weiterfahren, bei „bei 6 man zählt“
auf Höhe der 6 einen dicken Punkt malen)

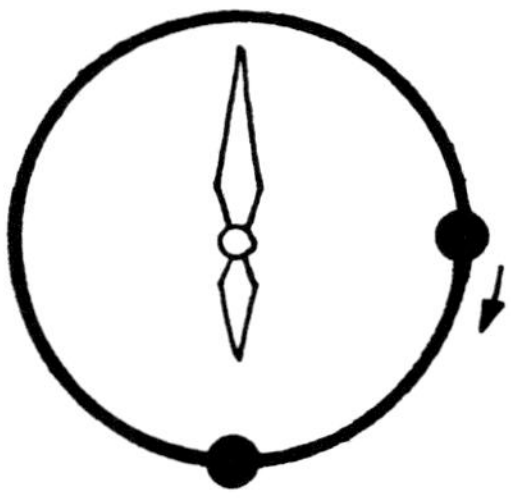

drei Viertel sind es bei der 9,

(s. o.)

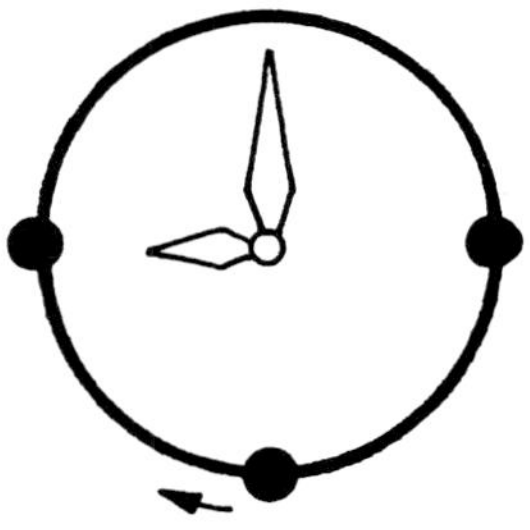

um 12 wird’s eine Stunde sein.

(s. o.)

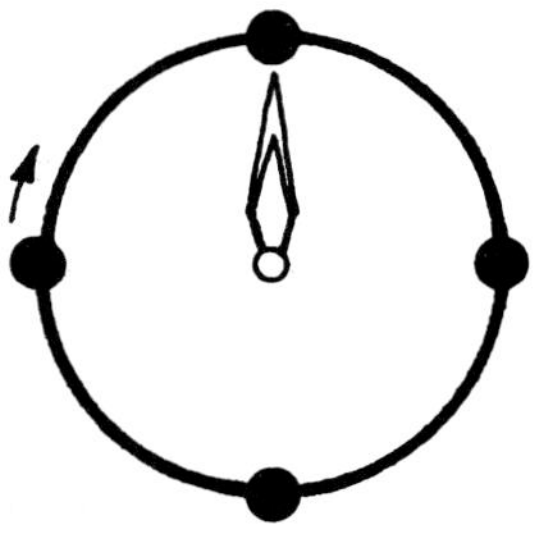

Der Clown

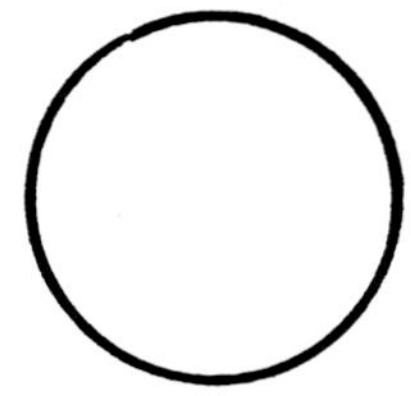

Kugelrund, so soll er sein,

mit zwei Augen, das ist fein.

Eine große runde Nase,

Mund wie eine Untertasse,

Segelohren nicht zu knapp,

Haare stehn vom Kopfe ab,

große dunkle Augenbrau'n –

fertig ist der Clown!

Winterstrickkleidung

Wir stricken, stricken, stricken fein,
die Mütze wird bald fertig sein.

Die Bögen werden in die Mütze hineingemalt und dazu rhythmisch gesprochen. Der Vers wird so lange weitergesprochen, bis die Mütze „fertig gestrickt ist".

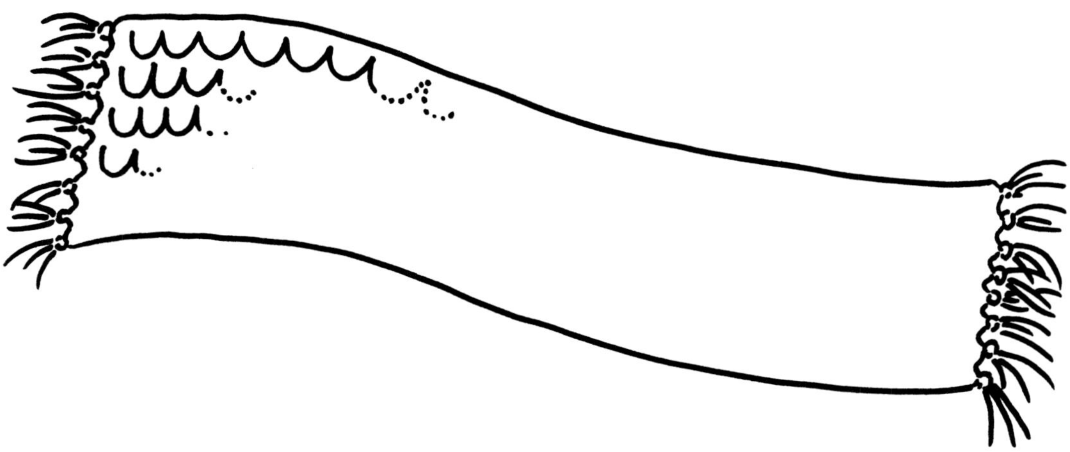

Wir stricken, stricken, stricken fein,
der Schal, der wird bald fertig sein.

Die Bögen werden in den Schal hineingemalt und dazu rhythmisch gesprochen. Der Vers wird so lange weitergesprochen, bis der Schal „fertig gestrickt ist".

4. FRÜHLING

Die Natur erwacht langsam wieder. Es fängt an zu blühen und zu duften. Draußen hört man Vögel zwitschern, die jetzt beginnen, ihre Nester zu bauen. Es stehen nun Themen wie **„Blumen“** **„Vögel“**, **„Ostern“** sowie das in dieser Zeit so unbeständige **„Frühlingswetter“** im Vordergrund.

Auch im Frühling soll es darum gehen, Situationen zu schaffen, in denen Sprache notwendig wird. So kann in 5 Minuten effektive Sprachförderung stattfinden. In der Osterzeit werden dann die Eier nicht einfach nur geschenkt, sondern sie werden versteckt. Sie werden nicht nur gesucht und gefunden, sondern die Kinder müssen sie von ihrem Platz aus entdecken und verbalisieren, wo sich die Eier befinden. Das macht den Kindern genauso viel Spaß und dient zudem der Ausbildung ihrer Sprachfähigkeit.

Benötigte Materialien: Federn, Strohhalme, Faltpapiere, Wattebäusche, ätherische Öle.

Vögel

Spiele	Sprachfördernde Aspekte
Der Vogel hat eine Feder verloren Spiele mit einer Feder: • Die Feder liegt auf der Handfläche des Kindes. Es bläst die Feder hoch und versucht sie mit der anderen Hand aufzufangen. • Das Kind versucht die Feder mit allen bekannten Lauten in die Luft zu bekommen, z. B. mit: „sch“ „k“ „t“ „f“ etc. • Die Feder liegt auf der Handfläche eines Kindes. Es versucht die Feder auf die Handfläche des Nachbarn zu blasen. Mit unterschiedlichen, zuvor ausgemachten Buchstaben, wird die Feder weitergeschickt. • Der E/L macht verschiedene Geräusche mit der Stimme: z. B. „r“ wie der Hund „w“ wie das Auto „f“ wie der Wind „s“ wie die Schlange Die Kinder müssen die Laute hören und unterscheiden. Nur wenn der Wind „f“ weht, fliegt die Feder hoch. (Feder wird bei „f“ hochgeblasen)	**Kräftigung der Zungenmuskulatur** **Atemregulation** **Phonetisch-phonologische Förderung** • Erfahren von Lautqualitäten unterschiedlicher Laute • bewusste deutliche Artikulation der Laute • bewusste taktil-kinästhetische Differenzierung der Laute **Auditive Wahrnehmungsförderung** • auditive Lautwahrnehmung und -unterscheidung

Spiele	Sprachfördernde Aspekte
Wo berührt dich die Kitzelfeder? Ein Kind berührt ein anderes Kind mit einer Feder an verschiedenen Stellen im Gesicht. Das andere Kind sagt, an welcher Stelle es die Feder gespürt hat.	**Lexikalisch-semantische Förderung:** • Begriffsbildung in Verbindung mit Körperwahrnehmung • (Nase, Ohr, Backe, Auge, Wimper, Augenbrauen, Mund, Oberlippe, Unterlippe, links, rechts) **Förderung des Sequenzgedächtnisses**

Spiele	Sprachfördernde Aspekte
Nestbau der Vögel „Die Vögel transportieren Zweige." Dabei nehmen die Kinder Strohhalme u. Ä. zwischen Oberlippe und Nase, bzw. zwischen die Zähne, ohne dass sie von den Lippen berührt werden oder tragen sie nur mit den Lippen, ohne dass sie mit den Zähnen in Berührung kommen. **Die hungrigen Vogeljungen** Salzstangen, Zuckerschnüre essen ohne Hilfe der Hände.	**Aktivierung der Nasenatmung** **Mundmotorische Übungen** • Bildung des Mundschlusses • Sensibilisierung der mimischen Muskulatur • Verbindung von Wahrnehmung der Mund- und Gesichtsmuskulatur und Motorik

Spiele	Sprachfördernde Aspekte
Die Reise der Feder	
Der E/L erzählt die Geschichte von der Feder:	**Förderung der auditven Aufmerksamkeit**
Eines Tages flog dem faulen Löwen, der da gerade auf der Wiese schlief, etwas mitten auf die Nase. „Hatschi“ machte er und noch mal „Hatschi“. „Was war denn das?“, dachte der Löwe und sah sich um. Eine Feder, tatsächlich, eine flauschige, schöne, weiche Feder. Wahrscheinlich war sie einem Vogel ausgefallen. Da juckte es ihm wieder an der Nase und noch mal musste er kräftig niesen „Haaaaaatschi“. Das Niesen war so stark, dass die Feder hoch hinauf in die Luft flog …	
Die Feder wird von Kind zu Kind gepustet. Wer die Feder auffängt, darf in einem Satz erzählen, wo die Feder hingeblasen wird.	**Morphologisch- syntaktische Förderung** • Satzkonstruktion mit Präposition „auf“ und Akkusativmarkierung
„Die Feder fällt auf eine Blume.“ „Die Feder fällt auf ein Mädchen.“ „Die Feder fällt auf einen Vogel.“ „Die Feder fällt auf ein Haus.“ usw.	
z. B.: *Da flog die Feder einem Raben direkt auf den Rücken. Der Rabe trug die Feder weiter. Da packte sie der Wind und sie flog hoch in die Luft.* *Die Feder flog einem Mädchen direkt auf den Kopf. Das Mädchen schüttelte sich und die Feder flog weiter.* *Da kam ein Sturm und die Feder flog weiter. Die Feder flog einem kleinen Jungen direkt auf den Bauch. Der musste laut lachen, so sehr kitzelte ihn die Feder* usw..	
Wieder wird die Feder von einem Kind zum anderen gepustet. Diesmal sollen die Kinder sich erinnern, wie die Geschichte weiterging, wohin die Feder fiel.	• Übung der Vergangenheitsbildung „fiel“ „flog“ „ist gefallen“ „ist geflogen“ **Förderung des Sprachgedächtnisses**
z. B.: „Die Feder fiel auf einen Raben“ usw.	

Blumen

Spiele	Sprachfördernde Aspekte
Eine Tulpe wächst Die Kinder verteilen sich im Raum und suchen sich einen ruhigen Platz. Unterstützung durch ruhige Entspannungsmusik. E/L erzählt: *Du bist eine kleine Tulpenzwiebel.* *Du steckst in der Erde und schläfst.* *Draußen ist es noch kalt.* Die Kinder knien auf dem Boden. Die Augen sind geschlossen. *Langsam wird es wärmer, ein Sonnenstrahl kommt und weckt dich auf: „sssssss“.* Bei einer kleinen Gruppe von Kindern kann der E/L seinen Zeigefinger über den Rücken der Kinder bewegen, dabei „ssss“ lautieren . Dies ist gleichzeitig Zeichen für die Kinder die Augen zu öffnen.	**Schulung der auditiven Aufmerksamkeit** **Erhöhung der Konzentrationsfähigkeit** **Lexikalisch-semantische Förderung** • Festigung von Begriffen *Das Gehörte muss sofort handelnd umgesetzt werden, durch das eigene handelnde Erleben können Begriffe schneller verstanden und behalten werden.(z. B.: Zwiebel, wachsen, Stängel, Blüte)* **Förderung der kognitiven Verarbeitung von Vorgängen in der Natur**
Du öffnest langsam deine Augen. Es wird warm um dich herum. Der Frühling ist gekommen. *Dein Stängel wächst mit den Blättern zusammen aus der Zwiebel heraus.* *Noch sind Stängel und Blätter ganz eng zusammen. Der Stängel wird größer und größer.* *Es fällt ein Blatt nach vorne.* *Es fällt ein Blatt nach hinten.* *Es fällt ein Blatt nach links.* *Es fällt ein Blatt nach rechts.* Die Arme liegen eng auf dem Brustkorb. Ein Arm wird zuerst nach vorne, dann nach hinten, dann nach links und nach rechts gestreckt.	Der E/L kann hier Begriffe überprüfen; z. B.: welches der Kinder vertauscht links und rechts
Der Frühling bringt die warme Sonne und dir geht es gut. Dein Stängel ist ganz gerade gewachsen, er ist stark und kräftig geworden. *Es regnet* (E./L: mit den Fingern auf den Tisch trommeln), *aber das macht dir nichts aus. Es stürmt,* (E/L: macht Sturmgeräusche) *aber du bist viel zu stark. Der Sturm macht dir nichts aus.* *Ein neuer Sonnenstrahl kommt und es wächst deine Knospe.* Beide Hände formen Fäuste vor dem Gesicht.	*Es können – je nach den sozial-emotionalen Möglichkeiten in der Gruppe – zwei/drei Kinder für die Geräusche zuständig sein, vornehmlich solche, die in der Lautbildung gefördert werden müssen.*

Langsam öffnet sich die Knospe. Schöne Blütenblätter kommen hervor. Wenn man genau hinhört, kann man sogar jedes einzelne Blütenblatt hören, wie es sich öffnet. Es werden der Reihe nach immer zwei Finger gleichzeitig ausgestreckt (z. B. beide Daumen). Bei jeder Fingerbewegung verbalisieren die Kinder ganz leise Öffnungsgeräusche wie „blobb, bss, glagg“. *Die Blüte öffnet sich immer weiter.* Die Hände bewegen sich in entgegengesetzte Richtung. *Es ist warm.* *Die Sonne scheint.* *Dir geht es gut.* *Du bist eine wunderschöne kräftige Tulpe geworden.* *Du wiegst dich im Wind* (Entspannungsmusik)	• Verbindung von Fingermotorik und Sprache **Hinweis**: Dieses Spiel kann man je nach Thema mit jeder Pflanze spielen. Auch in der 3./4. Klasse beim Thema Getreide (in leicht abgeänderter Form) anwendbar. Die Begriffe schleifen sich intensiver ein.

Spiele	Sprachfördernde Aspekte
Duftende Blumen auf der Wiese Blüten werden gefaltet. Auf jede Blüte wird ein Wattebausch gelegt. Manche sind mit ätherischem Öl beträufelt. Die Kinder müssen herausfinden, welche Blüte duftet. Satzbildungen: Die gelbe Blüte duftet. Die rote Blüte riecht. Die lila Blüte riecht genauso wie die gelbe Blüte. usw.	**Aktivierung der Nasenatmung und des Mundschlusses** **Begriffsbildungen** • Begriffe wie: Ecke, Kante, oben, unten **Morphologisch-syntaktische Förderung** • Sätze mit korrekter Genusbildung

Ostern

Spiele	Sprachfördernde Aspekte
Die Osterhasenfamilie hat viel zu tun	
„Die Osterhasenfamilie schläft noch." Die Kinder spielen die Osterhasenfamilie und stellen sich schlafend. Musikkassette mit erst ruhiger und nach und nach beschwingter Musik unterstützt das Spiel.	**Förderung des Sprachverständnisses** • Pantomimisches Nachempfinden von sprachlichen Inhalten
E/L erzählt: „Die Sonne scheint ins Zimmer, die Hasen wachen langsam auf. Sie recken und strecken sich. Sie fangen an zu gähnen (dabei etwas auf die Backen klopfen). Sie machen erst mal ihr **Fitnesstraining**."	**Körperdehnen** **Lockerung der Mundmuskulatur**
Sprechvers mit gleichzeitigem Überkreuzpatschen (linke Hand berührt rechtes Bein; rechte Hand berührt linkes Bein) **„Wir machen uns jetzt fit-** **und alle machen mit"** Sprechvers mit gleichzeitigem Luftspuren einer liegenden 8. **„Wir sind jetzt gleich ganz fit,** **denn alle machen mit!"**	**Übungen zur Überkreuzung der Körpermittellinie in Verbindung mit Sprache** **Sprechrhythmische Förderung** • Übungen zur Integration von Sprache und Motorik
Die Ostereier werden angemalt	
Die Kinder malen pantomimisch verschiedene Eier an.	
Zuerst wird das Ei ganz angemalt: Die Kinder lautieren bei jedem Pinselstrich ein „f" und bewegen den Arm auf und ab. Dann kommt ein Zickzackmuster drauf. Die Kinder lautieren zu den Zickzack-Bewegungen „zick zack". Zwischen die Zacken kommen Tupfer. Die Kinder lautieren mit jedem Tupfer ein „t". Die Hasen haben viel gearbeitet und hoppeln auf ihre Plätze. Jeder Hoppler wird mit „hopp" gesprochen unterstützt.	**Phonetisch-phonologische Förderung** • Artikulationsübung • „f" (Striche) • t" / „k" (Tupfen) • „Sch" (Kreise) • „s" (dünne Striche) • zick zack (Zickzackstriche)
Diese Übung kann je nach Bedarf gekürzt oder verlängert werden.	Verbindung von Bewegung und Sprache

Spiele	Sprachfördernde Aspekte
Der Osterhase versteckt Eier E/L spielt den Osterhasen und versteckt Eier. Die Kinder halten die Augen geschlossen. Sie dürfen die Augen öffnen und sich umschauen. „Da ist eins **hinter der** Tafel, ... **unter dem** Buch ... **auf dem** Tisch, ... **neben dem** Blumentopf."	**Morphologisch-syntaktische Förderung** • Richtige Anwendung von Präpositionen • Bildung des richtigen Kasus und Genus

Wetter

Spiele	Sprachfördernde Aspekte
Aprilwetter Jedes Wetter bekommt einen charakteristischen Laut oder ein lautmalendes Wort und eine passende Bewegung zugeordnet, z. B.: **Regen**: „brrr" oder „t-d, t-d" oder „tropf, tropf", dazu ein leichtes Tippen mit den Fingerkuppen auf den Fußboden oder auf den Tisch **Schnee**: „sch, sch", dazu mit den gespreizten Händen durch die Luft schweben **Wind**: „wwww" oder „fff", dazu mit den Händen den Weg des Ausatemstroms veranschaulichen **Sonne**: „hei" oder „scheine", dazu beide Arme als große Strahlen ausstrecken und dazu auch mit dem Gesicht „strahlen".	**Phonetisch-phonologische Förderung** • Bewusste Wahrnehmung der Laute wird über das ganzheitliche Erleben erhöht. • Die Differenzierungsfähigkeit wird geschult und eine insgesamt bessere und deutlichere Artikulation erreicht. • Verdeutlichen des Symbolgehaltes von Lauten **Schulung des Gedächtnisses für Auditives** **Schaffen und Festigen semantischer Felder**

Spiele	Sprachfördernde Aspekte
Wir folgen dem Wetter Verschiedene Kinder produzieren gleichzeitig verschiedene Wetterlaute und passende Gesten, der Rest der Kinder geht nur einem bestimmten Laut hinterher.	vgl. oben **Förderung der auditiven Wahrnehmung** • Auditive Aufmerksamkeit • Richtungshören

Spiele	Sprachfördernde Aspekte
Wetterbilder Jedem Wetter wird auch ein optisches Symbol zugeordnet. Diese Symbole werden auf Karten gemalt. Der E/L oder ein Kind hält ein Symbol hoch, die anderen stellen das gewünschte Wetter dar. Auf diese Weise können ganze Wetterkonzerte komponiert werden.	vgl. oben • Schulung des Gedächtnisses für auditive Sequenzen **Schulung des Symbolverständnisses**

Spiele	Sprachfördernde Aspekte
Wettergeschichte E/L erzählt eine zusammenhängende Geschichte, in der verschiedene Wetterformen vorkommen. Die Kinder müssen auf das entsprechende akustische Signal (also auf den entsprechenden Begriff) hin, den vereinbarten Laut und die entsprechende Geste artikulieren und darstellen.	vgl. oben **Auditive Aufmerksamkeit** **Festigung von Begriffen**

Beispiel einer solchen Geschichte:

Eine Wettergeschichte:

Max ist ein Schuljunge. Er geht in die erste Klasse. Heute liegt er wieder einmal sehr lange in seinem Bett und will nicht aufstehen. Plötzlich spürt er etwas Warmes. Er fühlt es auf seiner einen Backe, dann auf seiner anderen Backe. Als nächstes wird es ihm auf der Nasenspitze warm. Als er die Wärme auch auf seinen Augenlidern spürt, blinzelt er und wacht endlich ganz auf. Er sieht, dass es die Sonne ist, die ihre Strahlen zu ihm schickt. „Guten Morgen, liebe Sonne!“, ruft Max fröhlich und steht auf. Er wäscht sich, zieht sich an, frühstückt und putzt sich die Zähne.

„Max!“, ruft seine Mutter, „vielleicht regnet es heute, nimm auf jeden Fall deine Regenjacke mit in die Schule!“

Max zieht also seine Regenjacke und seine Regenstiefel an, setzt seine Schultasche auf und geht los zur Schule.

Die Sonne scheint wunderbar vom Himmel und Max beginnt zu schwitzen. Plötzlich wird es ihm kalt. Er spürt, wie der Wind ihm ins Gesicht bläst und wickelt sich fest in seine Jacke hinein. Weil der Wind so stark ist, kommt Max nur mit Mühe auf seinem Weg voran. Endlich ist er in der Schule. Er zieht seine Regenjacke und seine Regenstiefel aus und geht ins Klassenzimmer.

Alle singen das Morgenlied. Max schaut aus dem Fenster. Das gibt es doch gar nicht! Vom Himmel fallen lauter weiße Schneeflocken, bald sind die Bäume von Schnee bedeckt. Jetzt weht der Wind in die Schneeflocken, sodass sie schnell durcheinander wirbeln.

Als die Klasse das Lied zu Ende gesungen hat, scheint schon wieder die Sonne.

So ein verrücktes Wetter!

Sprechzeichnen

Das Osterei

Zicke zacke zei,
ich tupfe auf das Ei!
Schöne Wellen
kommen drauf.
Ich tupfe noch mal
Farbe auf.
Zicke zacke zei,
fertig ist das Ei!

Hinweis: Der E/L malt ein Ei auf die Tafel (ein großes Blatt Papier, o. Ä.). Das Osterei soll noch verziert werden. Der E/L malt die Zickzacklinie und spricht dazu „zi-cke za-cke zei". Für jede Silbe wird ein Strich gemalt. Die Kinder üben die Zickzacklinie, indem sie die Linie in die Luft schwingen und dazu sprechen. Auf die gleiche Weise geht es mit den Tupfern und Wellenlinien weiter.

Die Kinder bekommen dann einen Umriss von einem Ei (oder malen selbst ein Ei) und verzieren es auf diese Weise. Dabei können verschiedene Farben benutzt und mehrere bunte Linien/Tupfer untereinander gemalt werden. Dazu wird immer gesprochen.

Osterei im Körbchen

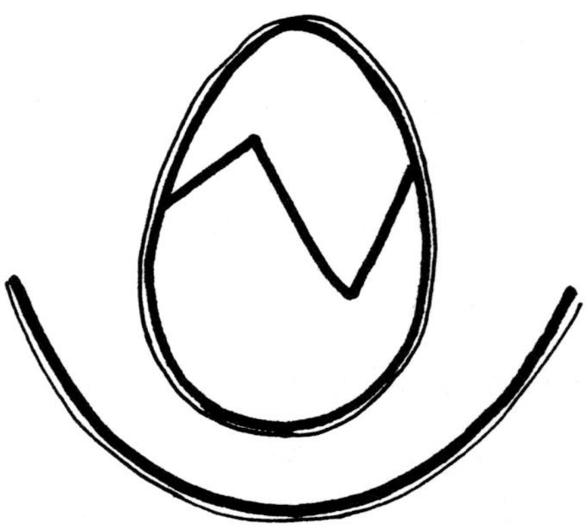

Osterei, Osterei	(zweimal das Osterei nachfahren)
geht im Körbchen	(das Körbchen zwei- oder viermal nachfahren)
schnell entzwei!	(die Sprünge im Osterei nachfahren. Bei jeder Silbe wird ein Strich gezogen)

Der Osterhase

Großes Ei

und kleines Ei

und zwei Ohren noch dabei,

kleine Augen, Wackelnase,

fast fertig ist der Osterhase!

**Dann müssen noch vier Pfoten dran,
damit er uns was bringen kann!**

Der kunterbunte Hahn

Siehst du, wer da ist,
auf dem gelben Mist?

Es ist kein Kahn!
Es ist kein Kran!

Es ist kein Zahn!
Es ist kein Schwan!

Es ist der kunterbunte Hahn.

du, wer da ist?

dem gel- ben Mist?

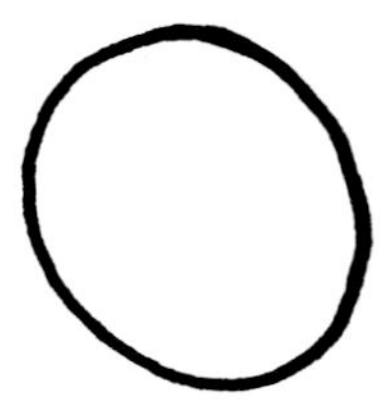

Es ist kein Kahn!

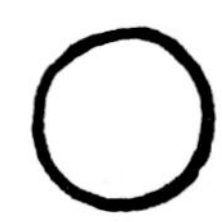

Es ist kein Kran!

Es ist kein Zahn!

Es ist kein Schwan!

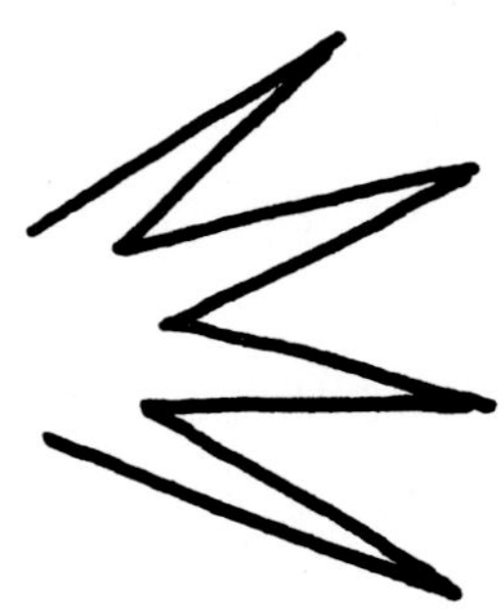

Es ist der kunterbunte Hahn.

Hinweis: Zu jedem Strich wird eine Silbe gesprochen; beim Malen des Kreises ein ganzer Satz.

Der letzte Satz „Es ist ein kunterbunter Hahn“ wird immer wieder gesprochen. Dabei verwenden die Kinder jedes Mal eine andere Farbe, sodass das Gefieder zum Schluss ganz bunt ist.

5. SOMMER

Im Sommer geht es vorwiegend um die Themen Wasser, Luft und Natur. Wichtig ist nun alles, was mit dem **Baden** zu tun hat. Spiele mit **Wasser** und **Sand** werden von den Kindern begeistert angenommen. Ein **Picknick im Freien**, die Beobachtung von Wiesentieren, wie **Bienen**, **Hummeln** und **Fliegen** haben jetzt Bedeutung.

Auch die Sommerthemen sind ergiebig für 5 Minuten sprachfördernde Übungen.

Benötigte Materialien: Sommerrequisiten, wie Sonnenbrille, Sonnenhut etc., Vogelsand, Blumenuntersetzer, Gläser, Wasser, Strohhalme, Nahrungsmittel (echte oder Spielzeug), Korb oder Tasche, Kasperl.

Wasser-, Sand-, Freizeitspiele

Spiele	Sprachfördernde Aspekte
Ich packe in meine Badetasche Analog zum bekannten Kofferspiel, zählen die Kinder der Reihe nach auf, was sie in ihre Badetasche packen. Die Utensilien der Vorgänger müssen in der richtigen Reihenfolge aufgesagt werden. **Variante:** Passende und unpassende (!) Requisiten werden als Gedächtnisstütze angeboten.	**Lexikalisch-semantische Förderung** • Festigen von Oberbegriffen • Wortschatzerweiterung **Training des Sprachgedächtnisses und der Sereation** **Angebot von Satzmustern**

Spiele	Sprachfördernde Aspekte
Pustesand In einem großen Blumenuntersetzer oder auf einem Tablett befindet sich Sand (Vogelsand). Ein Kind pustet mit einem Strohhalm Bilder oder Buchstaben in den Sand. Die anderen Kinder erraten das Motiv.	**Mundmotorische Übung** **Betonung des Ausatemstroms**

Spiele	Sprachfördernde Aspekte
Sandmaler Ein Kind „zeichnet“ mit Klebestift ein Bild auf (farbiges) Papier. Mit drei Fingern nimmt es Sand auf und streut ihn über die Klebeflächen. Dazu artikuliert es „s“. Es entsteht ein „Sandbild“.	Üben des Tripodengriffs als Vorbereitung auf das Schreiben **Phonetisch – phonologische Förderung** • Therapiehilfe für Kinder, die lispeln, Bewusstmachen der labialen Rinne • Artikulationsübung „s“

Spiele	Sprachfördernde Aspekte
Bahnfahrt Die Kinder stehen im Kreis. Ein Kind ist die Lokomotive. Es läuft im Innenkreis und spricht dazu: „sch – sch – sch, ich fahr mit der Bahn und der/die … hängt sich dran“. Das genannte Kind wird zum „Wagon“ und hängt sich an die Schultern der „Lokomotive“. Zum Schluss laufen alle Kinder durch das Gruppenzimmer.	• Artikulationsübung für das „sch“ • Lautmalerei **Betonung des Ausatemstroms** **Sprachbegleitendes Handeln**

Spiele	Sprachfördernde Aspekte
Sturm im Wasserglas Gläser werden zur Hälfte mit Wasser gefüllt. Die Kinder pusten mit einem Strohhalm hinein und lassen das Wasser blubbern, ohne dass es überläuft. **Variante**: Das Glas wird zu 2/3 mit Wasser gefüllt.	**Dosierung des Luftstroms** **Vorbereitung der Therapie von Frikativen**

Spiele	Sprachfördernde Aspekte
Kasperl packt den Picknickkorb Der Kasperl schleppt stöhnend einen sehr schweren Korb in den Stuhlkreis. **E/L**: Kasperl, was hast du denn alles in deinem Korb? **K**: Ich will heute mit Sepperl ein Picknick machen und da habe ich schon mal alles eingepackt. **E/L**: Was hast du denn alles eingepackt? **K**: Alles, was der Sepperl und ich essen können! Ich zeige es euch mal! *Kasperl packt aus.* Die Kinder benennen die Dinge. Es sind auch unpassende Dinge enthalten. **E/L oder Kinder**: Aber Kasperl, ein Lineal kannst du doch nicht essen! Dieses Spiel kann häufiger von den Kindern gespielt werden. Immer ein anderes Kind spielt dabei den Kasperl und darf selbst unpassende Dinge suchen und in den Sack stecken.	**Lexikalisch-semantische Förderung** • Oberbegriff: Nahrungsmittel • Wortschatzerweiterung Satzbildung mit Akkusativmarkierung und Verneinung **Förderung der Dialogfähigkeit** • Auf natürliche Weise werden Gesprächsregeln wie zuzuhören, zu warten, bis man an der Reihe ist, auf den anderen einzugehen … geübt. • Für das Gespräch notwendige Satzmuster werden angeboten und können übernommen werden. **Sprechhilfe für stotternde Kinder** • Das Sprechen mit Puppenstimme vermindert bzw. verhindert Sprechablaufstörungen, sodass Kindern Sprecherfolge vermittelt werden.

Sommertiere

Spiele	Sprachfördernde Aspekte
Die hungrige Biene **Schau, da steht ein schöner Kuchen.** (Mit beiden Händen einen Kreis formen) **Die Biene will ihn gern versuchen.** (Hände an den Handballen aneinander legen und „flattern“) **Sie flattert hin und flattert her** **Und findet keine Ruhe mehr.** (nach links und nach rechts „flattern“) **Sie flattert rauf und flattert runter** **Und ist immer noch sehr munter.** (nach oben und nach unten „flattern“) **Die Gäste essen den Kuchen auf** (die Hand mehrmals an den Mund führen) **– da fliegt sie aus dem Zimmer hinaus.** (Hände hinter dem Rücken verschwinden lassen)	**Förderung der sprechrhythmischen Fähigkeiten** **Lexikalisch-semantische Förderung** • Unterstützung des Sprachverständnis durch sprechbegleitende Bewegungen

Spiele	Sprachfördernde Aspekte
Die freche Fliege **Die Fliege fliegt mit viel Gesumm,** **hier in meinem Zimmer rum!** (Bei ausgestrecktem Arm eine liegende Acht in die Luft malen) **Ich will sie fangen – doch zicke zase,** **da fliegt sie schnell auf meine Nase!** (Mit der Hand Fangbewegung in die Luft machen, dann die Nase antippen) **Ich will sie fangen – doch zicke zacke,** **da fliegt sie schnell auf meine Backe.** (Mit der Hand eine Fangbewegung zur Nase machen, dann die Backe antippen) **Ich will sie fangen – doch zicke zie,** **da fliegt sie schnell aufs rechte Knie.** (Fangbewegung zur Backe hin machen, dann das Knie antippen) **Ich will sie fangen - doch zicke zaus,** **da fliegt sie endlich wieder raus.** (Fangbewegung zum Knie hin machen, dann die Hand hinter dem Rücken verstecken)	**Förderung der sprechrhythmischen Fähigkeiten** • Integration Sprache und Motorik Mittellinienüberkreuzung **Lexikalisch-semantische Förderung** • Unterstützung des Sprachverständnisses durch sprechbegleitende Bewegungen • Festigung der Körperbegriffe

Sprechzeichnen

Das Segelschiffchen

Kommt ein Segelschiffchen an,
segelt, was es segeln kann.

Beim 1. Teil des Spruchs wird zu jeder Silbe ein Strich gezogen.
Beim 2. Teil des Spruchs wird zu jeder Silbe eine Welle gezeichnet.

Das Schiffchen

Schiffchen, komm, schwimm hin und her (das Schiffchen viermal nachfahren)
übers große weite Meer! (eine Welle zu jedem Wort malen)

Fischchen im Meer

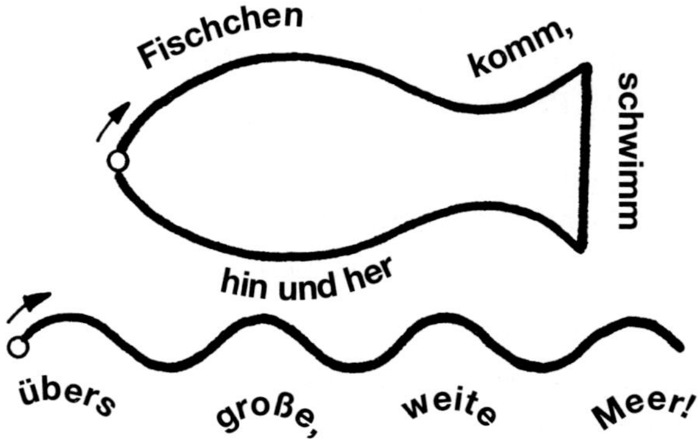

Fischchen komm,
schwimm hin und her
übers große, weite Meer!

Das Schneckenhaus

Die Schnecke schläft im Schneckenhaus
und kommt erst morgen wieder raus.

Startpunkt ist die Mitte. Wenn der Spruch mehrmals mit verschiedenen Farben gemalt wird, ergibt das ein buntes Schneckenhaus.

Der Sonnenschein

Sonne, komm und scheine (den Sonnenkreis mehrmals nachfahren)
auf meine kalten Beine, (für jede Silbe einen Strahl zeichnen)

auf meinen armen Kopf (die Gesichtsform mehrmals nachfahren)
und warm ist schon mein Schopf. (den Schopf mehrmals nachfahren)

Liebe Sonne scheine

Beim folgenden Sprechvers steht das **Finden von Reimwörtern** im Mittelpunkt. Den Kindern wird dazu ein Blatt mit den verschiedenen Bildobjekten ausgeteilt. Die einzelnen Bilder sowie die Reimwörter können im Voraus besprochen werden.

Die Kinder malen zunächst die Sonne und sprechen dazu:

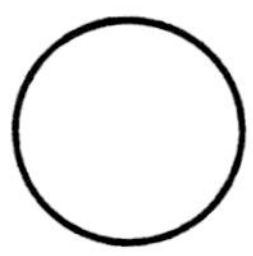

Liebe Sonne scheine ...

Die Kinder malen nun den ersten Strahl zum ersten Reimwort und sprechen dazu:

scheine auf die Beine ...

Die Kinder malen den nächsten Sonnenstrahl zu einem Bild und sprechen dazu:

scheine auf das Haus ...

Sie suchen dann wieder das richtige Reimwort.

Den Abschluss bildet der Satz „Nun hat die Sonne Ruh!“.
Der letzte Strahl wird zum Punkt hingeführt.

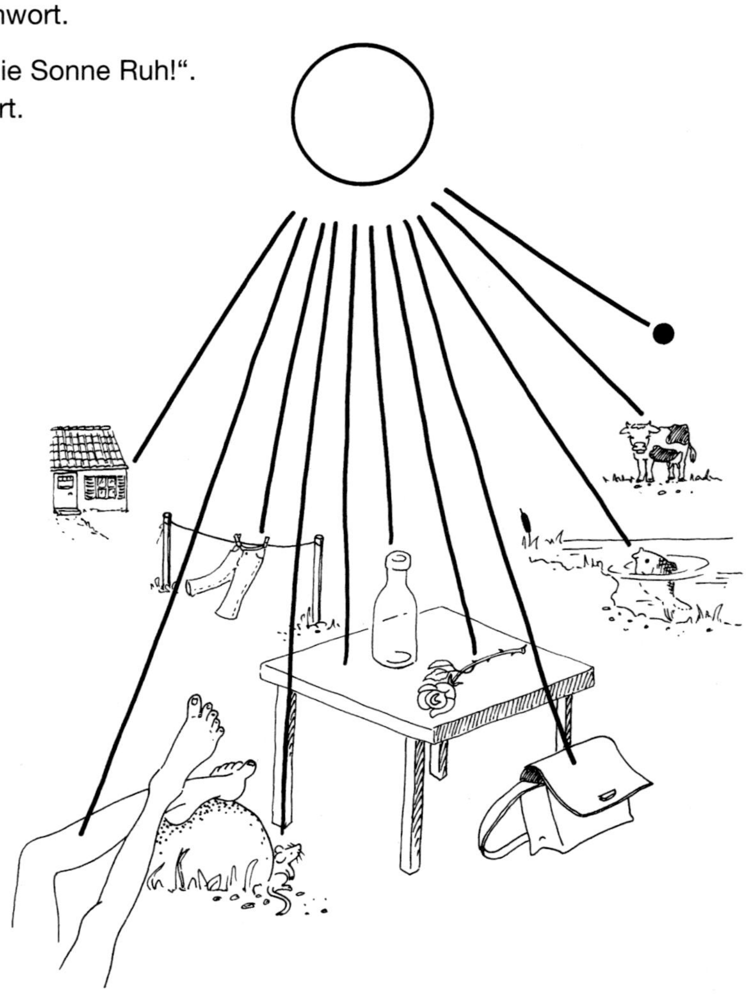

Der Sprechvers lautet vollständig:

Liebe Sonne scheine,
scheine auf die Beine.

Scheine auf das Haus,
scheine auf die Maus.

Scheine auf den Tisch,
scheine auf den Fisch.

Scheine auf die Flasche,
scheine auf die Tasche.

Scheine auf die Hose,
scheine auf die Rose.

Scheine auf die Kuh,
Nun hat die Sonne Ruh.

Bildobjekte für „Liebe Sonne scheine"

Sonnensprechvers

Auge, Auge, Nas' und Mund,

Die entsprechenden Teile werden dazugemalt,

die Sonne, die ist kugelrund.

der Kreis wird gezogen.

Viele helle Strahlen dran,
damit es bald ganz warm sein kann.

Es wird entsprechend der Skizze dazu gesprochen.

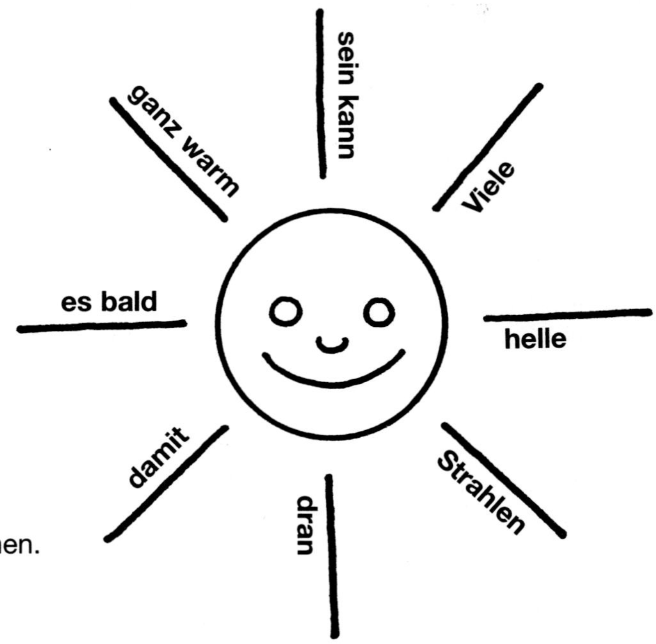

Bienchen auf der Blumenwiese

1. Schleife	2. Schleife	3. Schleife	4. Schleife
Die Biene fliegt ...	**ums Blümchen rum ...**	**und singt dabei ...**	**sum, sum, sum, sum.**

Die Spechtfamilie

Die Sprechverse lauten folgendermaßen:

1. **Tok tok tok**
   Vater Specht, der klopft nicht schlecht!
2. **Pok, pok , pok**
   Mutter Specht, klopft auch nicht schlecht!
3. **Tik, tik, tik,**
   Bruder Specht, der klopft nicht schlecht!
4. **Pik, pik, pik**
   Schwester Specht, klopft auch nicht schlecht!

Die Linien werden bei Vater und Mutter waagerecht hin und hergezogen, bei Bruder und Schwester schräg. Wichtig ist der Gebrauch von explosiven Lauten.

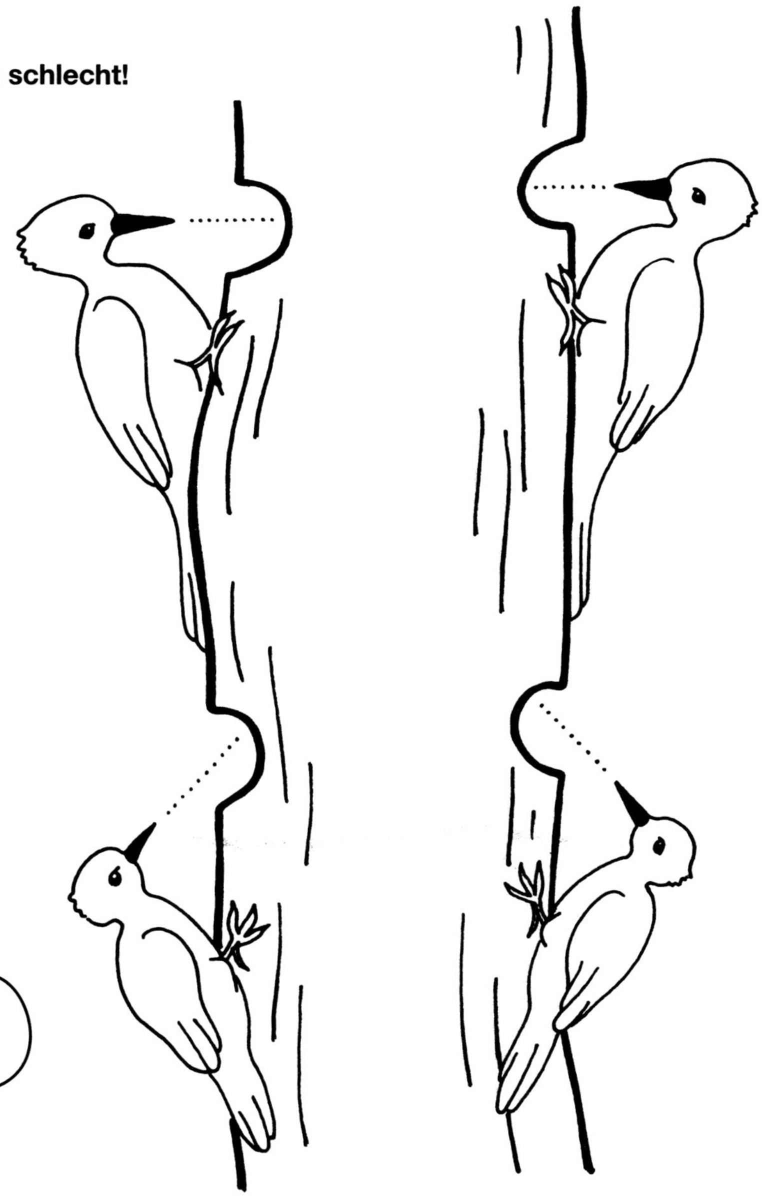

Der Vers wird lediglich als Abschluss dazu gesprochen.

Auditive Wahrnehmung	Fähigkeit, akustisch Aufgenommenes situationsangemessen zu deuten, zu unterscheiden und mit früher wahrgenommenen Reizen zu assoziieren
Auditive Speicherkapazität	Hörmerkfähigkeit; der Gedächtnisumfang für akustisch Aufgenommenes
Ausatemstrom	Der Luftstrom, der beim Ausatmen dem Mund entweicht, wird in vielen Übungen betont. Diese nützen v. a. stotternden Kindern, weil sie sich dadurch entspannen. Auch für näselnde Kinder ist dies wichtig. Außerdem wird die Dosierung des Atems geschult, die zur Bildung aller Frikative bewusst gemacht werden muss.
Dialog	„Zwiegespräch“ im Gegensatz zum Monolog. Eine von zwei oder mehreren Personen abwechselnd geführte Rede. Voraussetzungen dafür sind nonverbales und verbales Ausdrucksverhalten.
Frikative	Reibelaute, Engelaute; Konsonanten, die entstehen, indem der Luftstrom durch eine Verengung geführt wird. (Beispiele: sch, s, f, w)
Kinästhetik	Fähigkeit, die Position und Richtung der Bewegung der Körperteile zueinander und bezüglich der Umwelt zu erkennen und zu steuern (s. taktile Wahrnehmung)
Labiale Rinne	die von der Zunge gebildete Längsrinne, durch die bei der Artikulation des „s“ die Luft strömt
Lexikalisch-semantische Förderung	Wortschatzerweiterung im jeweiligen semantischen Umfeld innerhalb eines bestimmten Themas. Hier geht es also um das Verstehen und die richtige Verwendung des neu erlernten Wortes im richtigen Zusammenhang.
• Lexik	der Wortschatz einer Sprache oder eines Individuums
• Lexikalisch	Die Bedeutung von Wörtern betreffend; die Summe aller möglichen Bedeutungen; z. B.: Hut = Kopfbedeckung aber auch „auf der Hut sein“ = vorsichtig sein; bezieht sich auf das isolierte Wort ohne Berücksichtigung des Verwendungszusammenhangs innerhalb eines Satzes oder Textes.
• Semantik	Bedeutungslehre; erforscht die Bedeutung von Wörtern, Sätzen und Texten
• Semantisch	bezieht sich auf die Bedeutung von Wörtern, Sätzen und Texten

Morphologisch-syntaktische Förderung	Erweiterung und Festigung der grammatikalischen Fähigkeiten sowohl das Flexionssystem wie auch den Satzbau betreffend
• Morphologie	Lehre des Flexionssystems (z. B.: Deklinationen, Konjugationen)
• Syntax	Lehre vom Satzbau
Mundschluss	Kindern, die nicht durch die Nase atmen, gelingt der Mundschluss nicht, d. h. ihr Mund ist ständig leicht geöffnet (s. a. Nasenatmung).
Nasenatmung	Im Normalfall wird durch die Nase eingeatmet. Die Außenluft wird durch die Nase gefiltert und erwärmt. Kinder, die nicht durch die Nase atmen, erkennt man am stets offenen Mund und den damit häufig verbundenen Symptomen trockene Lippen und Mundschleimhaut, häufiger Schnupfen, nächtliches Schnarchen. Die Nasenatmung wirkt sich positiv auf die Gesamtkörperspannung und die Zwerchfellfunktion aus. Außerdem liegt die Zunge nicht richtig, wenn durch den Mund geatmet wird. Manchmal sind Polypen die Ursache. Aber auch nach der operativen Entfernung müssen die Kinder von der Mund- zur Nasenatmung umlernen.
Näseln	Nasalierte Sprechweise, die dadurch entsteht, dass bei nicht nasalen Lauten der Luftstrom bei gleichzeitigem Verschluss des Mundraums durch die Nase entweicht.
Olfaktorische Wahrnehmung	Wahrnehmung mit Hilfe des Geruchssinnes, also von Gerüchen und Düften
Phonematisches/Phonologisches Gedächtnis	Gedächtnis für Klanggestalten (Laute)
Phonetische Bewusstheit	bewusste Wahrnehmung und Aussprache der Laute
Phonetisch-phonologische Förderung	Sensibilisierung und Entwicklung der Lautbildungs- und der Lautunterscheidungsfähigkeit
• Phonetik	Lautlehre, untersucht die Gesamtheit der konkreten artikulatorischen und akustischen Merkmale der möglichen Laute aller Sprachen. Wird unterteilt in die Untersuchung der Artikulation, der akustischen Abläufe und der auditiven Wahrnehmungsprozesse.
• Phonologie/Phonematik	Teil der Sprachwissenschaft; befasst sich mit bedeutungsunterscheidenden Sprachlauten
Sequenzgedächtnis	Gedächtnis für Abfolgen
Sereation	Reihung

Sprechmelodik	Die Melodie der Sprache variiert je nachdem, ob gefragt wird, etwas festgestellt oder behauptet wird, jemand schmeichelt etc. Eine unangemessene Sprechmelodik kann auf den Zuhörer sehr irritierend wirken und den Aussagegehalt entstellen.
Sprechrhythmus	Eine gute Sprache ist rhythmisch gegliedert. Dies kann durch Sprechzeichnen, Klatschen etc. unterstützt werden. Sind die sprechrhythmischen Fähigkeiten nicht sicher entwickelt, kann es zu einer ungegliederten, also überschnellen und monotonen Sprechweise kommen. Es könnten Probleme im Rechtschreiben entstehen, da Sätze oder Wörter nicht entsprechend in ihre „Bausteine" zergliedert werden können.
Stimmmodulation	die Veränderungsfähigkeit der Stimme
Taktile Wahrnehmung	die Wahrnehmung über die Tastsinne
Taktil-kinästhetische Differenzierung	Wahrnehmung und Unterscheidung der Position und Bewegungsrichtung der einzelnen Körperteile zueinander und bezüglich der Umwelt sowie deren Wahrnehmung über die Tastsinne (z. B.: Genaue Wahrnehmung der mundmotorischen Prozesse Zungenbewegung/Zungenlage usw.) bei der Bildung und bei der Unterscheidung von Lauten (s. a. Kinästhetik)
Verbaler Gedächtnisspeicher	Gedächtnis für gesprochene Sprache
Verbales Ausdrucksverhalten	die sprachlichen Ausdrucksmittel, die einem Sprecher zur Verfügung stehen und die er je nach Situationen einsetzt
Nonverbales Ausdrucksverhalten	Alles ist Ausdruck. Nonverbale, also nichtsprachliche Ausdrucksmittel sind Gestik, Mimik, Stimmklang, Sprechrhythmus, Lautstärke, Körperhaltung und Blickkontakt.